Thomas Häusler

Chancen und Risiken bei der Einführung von EDI/EDIFACT untersucht am Beispiel
der Heizkostenverteilungsbranche

Thomas Häusler

Chancen und Risiken bei der Einführung von EDI/EDI-FACT untersucht am Beispiel der Heizkostenverteilungs-branche

diplom.de

Bibliografische Information der Deutschen Nationalbibliothek:

Bibliografische Information der Deutschen Nationalbibliothek: Die Deutsche
Bibliothek verzeichnet diese Publikation in der Deutschen Nationalbibliografie;
detaillierte bibliografische Daten sind im Internet über http://dnb.d-nb.de/ abrufbar.

Dieses Werk sowie alle darin enthaltenen einzelnen Beiträge und Abbildungen
sind urheberrechtlich geschützt. Jede Verwertung, die nicht ausdrücklich vom
Urheberrechtsschutz zugelassen ist, bedarf der vorherigen Zustimmung des Verla-
ges. Das gilt insbesondere für Vervielfältigungen, Bearbeitungen, Übersetzungen,
Mikroverfilmungen, Auswertungen durch Datenbanken und für die Einspeicherung
und Verarbeitung in elektronische Systeme. Alle Rechte, auch die des auszugsweisen
Nachdrucks, der fotomechanischen Wiedergabe (einschließlich Mikrokopie) sowie
der Auswertung durch Datenbanken oder ähnliche Einrichtungen, vorbehalten.

Copyright © 1995 Diplomica Verlag GmbH
Druck und Bindung: Books on Demand GmbH, Norderstedt Germany
ISBN: 978-3-8386-3999-4

http://www.diplom.de/e-book/219635/chancen-und-risiken-bei-der-einfuehrung-
von-edi-edifact-untersucht-am-beispiel

Thomas Häusler

Chancen und Risiken bei der Einführung von EDI/EDIFACT untersucht am Beispiel der Heizkostenverteilungsbranche

Diplomarbeit
an der Verwaltungs- und Wirtschaftsakademie Aachen e. V.
Fachbereich Betriebswirtschaft
Lehrstuhl für Prof. Dr. Michael Bastian
November 1995 Abgabe

Diplom.de

Diplomica GmbH
Hermannstal 119k
22119 Hamburg

Fon: 040 / 655 99 20
Fax: 040 / 655 99 222

agentur@diplom.de
www.diplom.de

ID 3999

ID 3999
Häusler, Thomas: Chancen und Risiken bei der Einführung von EDI/EDIFACT untersucht
am Beispiel der Heizkostenverteilungsbranche
Hamburg: Diplomica GmbH, 2001
Zugl.: Aachen, Verwaltungs- und Wirtschaftsakademie, Diplomarbeit, 1995

Dieses Werk ist urheberrechtlich geschützt. Die dadurch begründeten Rechte,
insbesondere die der Übersetzung, des Nachdrucks, des Vortrags, der Entnahme von
Abbildungen und Tabellen, der Funksendung, der Mikroverfilmung oder der
Vervielfältigung auf anderen Wegen und der Speicherung in Datenverarbeitungsanlagen,
bleiben, auch bei nur auszugsweiser Verwertung, vorbehalten. Eine Vervielfältigung
dieses Werkes oder von Teilen dieses Werkes ist auch im Einzelfall nur in den Grenzen
der gesetzlichen Bestimmungen des Urheberrechtsgesetzes der Bundesrepublik
Deutschland in der jeweils geltenden Fassung zulässig. Sie ist grundsätzlich
vergütungspflichtig. Zuwiderhandlungen unterliegen den Strafbestimmungen des
Urheberrechtes.

Die Wiedergabe von Gebrauchsnamen, Handelsnamen, Warenbezeichnungen usw. in
diesem Werk berechtigt auch ohne besondere Kennzeichnung nicht zu der Annahme,
dass solche Namen im Sinne der Warenzeichen- und Markenschutz-Gesetzgebung als frei
zu betrachten wären und daher von jedermann benutzt werden dürften.

Die Informationen in diesem Werk wurden mit Sorgfalt erarbeitet. Dennoch können
Fehler nicht vollständig ausgeschlossen werden, und die Diplomarbeiten Agentur, die
Autoren oder Übersetzer übernehmen keine juristische Verantwortung oder irgendeine
Haftung für evtl. verbliebene fehlerhafte Angaben und deren Folgen.

Diplomica GmbH
http://www.diplom.de, Hamburg 2001
Printed in Germany

E/004/97

INHALTSVERZEICHNIS

III

ABKÜRZUNGSVERZEICHNIS

1. ANSI-X12   Accredited Standard Committee X12 for Electronic Business Data Interchange (EBDI) by the American National Standards Institute

2. ARGE   Arbeitsgemeinschaft Heizkostenverteilung e.V.

3. EDI   Elektronic Data Interchange

4. EDIFACT   Elektronic Data Interchange for Administration, Commerce and Transport

5. EDMD   EDIFACT Data Message Direktory

6. ELFE   Elektronische Fernmelderechnung

7. HKA   Heizkostenabrechnung

8. HKZ   Heizkostenzuammenstellung

9. NBü   Normenausschuß Bürowesen

10. SEDAS   Standardregelungen einheitlicher Datenaustauschsysteme

11. SWIFT   Society for Worldwide Inter-Bank Financial Telecommunikations

12. UN/ECE   Economic Commission for Europe of the United Nations

13. UNH/UNT   United Nations Message Header / Trailer

14. VANS   Value Added Network Service

15. VDA   Verband der Automobilindustrie

VERZEICHNIS DER ABBILDUNGEN

1 Einleitung

Die Entwicklung von EDI (Electronic Data Interchange) und insbesondere die branchen-übergreifende und internationale Standardisierung der Geschäftsdokumente durch EDIFACT (Electronic Data Interchange for Administation, Commerce and Transport) werden von den großen, internationalen Märkten geprägt. In den folgenden Ausführungen wird dargelegt, wie sich die Möglichkeiten von EDI auf einem kleinen Spezialgebiet wie der Heizkostenverteilung darstellen. Es wird gezeigt, welche Aspekte bei einer EDI-Einführung allgemein zu berücksichtigen sind und wie die Realisierung speziell in der Heizkostenverteilungsbranche erfolgen kann.

Zunächst sollen die Grundlagen der Thematik einfach und anschaulich beschrieben werden. Bei der begrifflichen Abgrenzung werden wichtige Begriffe erläutert und insbesondere das heutige Verständnis von EDI wird näher bestimmt und ausführlich erklärt. Weitere Hintergründe zur Aufgabenstellung zeigt die Entstehung der elektronischen Nachrichtenstandards in den fortschrittlichsten Ländern, wie den USA und Großbritanni-en, und Branchen, wie z.B. der Automobilindustrie. Hieraus wurde schließlich der internationale Standard EDIFACT geschaffen. Die große Bedeutung von EDI für die heutige Wirtschaft und ein kleiner Ausblick auf die weitere Entwicklung schließen letztlich die Grundlagen ab.

Die Branche der Heizkostenverteilung, die im Kernpunkt die verbrauchsabhängige Abrechnung von Heizkosten für Zentralheizung und Warmwasser betreibt, ist im folgen-den Kapitel Gegenstand der Untersuchung. Die derzeitige Lage wird hier im Hinblick auf EDI-Anwendungen analysiert. Für das Grundverständnis dieser sehr speziellen und komplexen Materie werden zunächst die Kernpunkte der Thematik dargestellt. Die besondere Konstellation der Unternehmen als Dienstleister und Gerätelieferanten, das breite Kundenspektrum und die Beziehung zu sonstigen Einflußbereichen werden aufge-zeigt. Diese Punkte haben Auswirkungen auf die Einsatzmöglichkeiten von EDI und erschweren in diesem Fall die Ausbreitung von EDI auf der Kundenseite. Der bestehende Datenträgeraustausch der ARGE Heizkostenverteilung e.V. für Abrechnungsdaten wird im folgenden Abschnitt erläutert und in bezug auf die weiteren Ausdehnungsmöglichkei-ten im Unternehmen bewertet. Die sehr spezielle und EDI-untypische Anwendung läßt dies allerdings nicht zu. Deshalb werden die Maßnahmen aufgezeigt, die bei dieser Anwendung notwendig sind, um sich dem EDIFACT-Standard anzupassen. Es wird geprüft, ob EDIFACT auch bei der Heizkostenabrechnung eingesetzt werden kann. Die Chancen und Risiken für die Branche bei einer Umstellung ihres Kerngeschäftes auf

EDIFACT, welches eine spezielle Nachrichtenstruktur aufweist, werden dargestellt. Notwendige Maßnahmen der Unternehmen und des Umfeldes für die Einführung der EDIFACT-Nachrichtentypen "Heizkostenaufstellung" und "Heizkostenabrechnung" werden abschließend beschrieben. Es erscheint allerdings sinnvoller erst mit konventionellen Nachrichten EDIFACT-Erfahrungen zu sammeln, um hierauf aufbauen zu können. Im nächsten Kapitel wird ein möglicher Einstieg der Branche in die elektronische Nachrichtenwelt auf Basis von EDIFACT gezeigt. Hierbei wurden die Nachrichtentypen Bestellung und Rechnung mit Lieferanten ausgewählt. Ein EDI-Projekt ist bezüglich der generellen Vorgehensweise nicht anders als andere EDV-Projekte. Es gibt vor allem Ähnlichkeiten zu CIM-Projekten und eine Anlehnung an die allgemeine Tendenz zur Integration elektronischer Informationswege. Auf allgemeine Vorgehensweisen der Projektgestaltung wird im folgenden nur in der Hinsicht eingegangen, als sie EDI typische Aspekte betreffen. Als erstes werden die Voraussetzungen behandelt, die für den Erfolg des Projektes wichtig sind. Hier wird aufgezeigt, daß ein EDI-Projekt zum größten Teil organisatorische Aspekte aus vielen Unternehmensbereichen betrifft. Es muß daher von der Geschäftsführung geleitet und von den Mitarbeitern getragen werden. Desweiteren werden die wichtigsten Fragen der Planung und Vorbereitung aufgezeigt. Die vielfältigen Vorteile, wie Kostensenkungen, Fehlerreduzierungen, Zeiteinsparungen usw., die man durch EDI erlangen kann werden im folgenden Teil aufgezählt. Hierbei wird unterschieden, ob EDI durch entsprechende Maßnahmen vollständig in die Abläufe integriert werden kann oder nicht. Dies ist für die Nutzung aller möglichen Vorteile entscheidend. Problematische Aspekte der EDI-Einführung bedürfen einer besonderen Aufmerksamkeit und werden im einzelnen aufgeführt. Insbesondere Finanzierungs-, Rechts- und Sicherheitsfragen müssen beachtet werden. Aber auch gerade bei der konkreten Durchführung können in Einzelfällen Schwierigkeiten auftreten, die nicht unterschätzt werden sollten. Der Kernpunkt des EDI-Projektes ist die Realisierung. Hier werden alle Schritte von der ersten Abstimmung mit dem Testpartner bis zum Echtdatenaustausch dargestellt. Alle wichtigen EDI spezifischen Fragen und Besonderheiten bei der Durchführung werden angesprochen. Punkte wie Auswahl des EDI-Systems, Datenübertragung, Standard und Konvertierung sind hier kennzeichnend für das Projekt. Abschließend wird auf die weitreichenden Auswirkungen, die EDI impliziert, näher eingegangen. Diese Auswirkungen gliedern sich in Umstellungen der bestehenden Abläufe sowie in neue, hinzukommende Anwendungen. Beides geschieht sowohl bei den internen- als auch bei den externen Verhältnissen des Unternehmens. Gerade mit den Geschäftspartnern wird eine sehr weitreichende Ausweitung der Zusammenarbeit möglich bis hin zu neuartigen Kooperationsformen.

2 Grundlagen des elektronischen Datenaustausches strukturierter Nachrichten

2.1 EDI

Der Grundgedanke von EDI besteht in der einfachen logischen Konsequenz, den Umweg über das Papier, den die Daten in der Geschäftswelt machen, wegzulassen. Da zu versendende Nachrichten sowohl beim Absender als auch beim Empfänger in EDV-Systemen gespeichert und verarbeitet werden, ist es einleuchtend, solche Nachrichten direkt zwischen den Systemen zu versenden und nicht erst beim Absender auf Papier zu drucken, um sie dann beim Empfänger wieder manuell einzugeben.

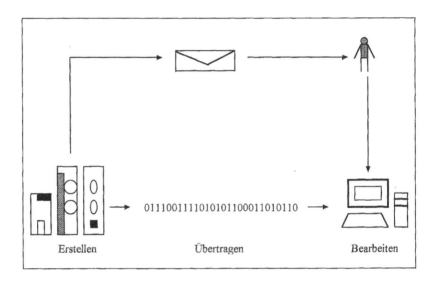

Abbildung 1: EDI: Automatische Dokumentenbearbeitung ohne fehleranfällige Wiedererfassung

Quelle: Jonas, Christoph, Datenfernübertragung mit Personal-Computern,1. Aufl., Würzburg, 1992, S. 231

Bis auf gewisse Gestaltungsmöglichkeiten und Repräsentationsfunktionen der Papierdokumente, ergeben sich gerade im Hinblick auf enorm gestiegene Zeit- und Mengenfaktoren große Vorteile bei EDI. Die drei großen Hauptbereiche hierbei liegen im Bereich Zeiteinsparung, Fehlerreduzierung und Kostenersparnis:

1. Schnellere Abwicklung der Geschäftsprozesse

2. Geringere Fehleranfälligkeit durch manuelle Datenerfassung

3. Geringere Kosten durch automatisierte Abläufe und Papiereinsparung.

Desweiteren können Wettbewerbsvorteile entstehen, wenn EDI innovativ eingesetzt werden kann. Bei einer größeren Verbreitung (z.B. in der Automobilindustrie) können Wettbewerbsnachteile entstehen, wenn man EDI nicht anbieten kann. [1]

Definition:

- Unter EDI versteht man die Kommunikation zwischen Geschäftspartnern beim Austausch strukturierter Daten, durch elektronische Datenfernübertragung unter Verwendung vereinbarter Nachrichtenstandards, die direkt weiterverarbeitet werden können.

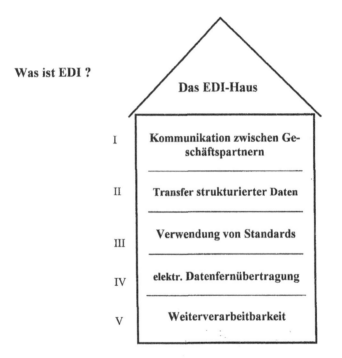

Abbildung 2: Das EDI-Haus

---

[1] Vgl. Picot A., Neuburger R., Niggl J., Ökonomische Perspektiven eines „Electronic Data Interchange", in: Information Management, 2/1991, S. 22f.

Die einzelnen Aspekte werden unterschiedlich weit oder eng ausgelegt und es existieren in der Praxis zahlreiche Teilverwirklichungen, die im weiteren Sinne auch noch als EDI bezeichnet werden.

Wie wird EDI heute Verstanden?

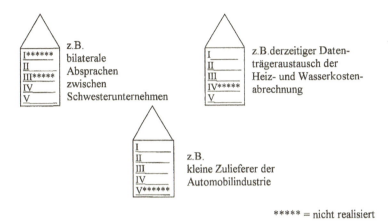

***** = nicht realisiert

Abbildung 3: EDI - Teilverwirklichungen

- In bezug auf die Geschäftspartner sollte man hier nicht nach rechtlichen Gesichtspunkten unterscheiden, sondern nach autonomen Organisationseinheiten. Denn in diesem Zusammenhang kommt es nicht auf rechtliche, sondern auf EDV-technische Selbständigkeit an.

- Unter strukturierten Daten versteht man Geschäftsdokumente mit Handels- und Wirtschaftsdaten, deren Zusammensetzung in Form und Position festgelegt werden kann, d.h. die Nachrichten sind formularfähig. Für EDI Anwendungen eignen sich vor allem Massendaten wie Rechnungen, Bestellungen, Überweisungen, Flugreservierungen aber auch Kostenaufstellungen / Abrechnungen von Heiz- und Wasserkosten.[1]

- Den Standards kommt bei EDI eine zentrale Bedeutung zu. Sie sind die gemeinsame Sprache, die eine Kommunikation erst möglich machen. Da die EDV-Systeme den

---

[1] Vgl. Sedran Thomas, Wettbewerbsvorteile durch EDI, in: Information Management, 2/1991, S. 17

individuellen Anforderungen der Unternehmen angepaßt sind, müssen Nachrichten-strukturen von der sogenannten Inhouse-Sprache umgewandelt werden, so daß der Empfänger sie verarbeiten, d.h. wiederum in seine Inhouse-Sprache übersetzen kann. Wenn dieses Problem zwischen zwei Geschäftspartnern durch bilaterale Absprachen gelöst wird, handelt es sich nicht um einen Standard. Erst wenn man sich in einer grö-ßeren Gruppe, z.B. einer Branche, auf eine gemeinsame Datenstruktur verständigt, spricht man von Branchen- oder Industrie-Standards. Bilaterale Absprachen mit meh-reren Geschäftspartnern sind sehr aufwendig, erst die Vereinbarung allgemeingültiger Standards macht den Einsatz von EDI in einem größeren Anwenderkreis möglich. Wenn ein Unternehmen in der ganzen Welt Kommunikationspartner hat, müßte es viele Sprachen beherrschen. Einigt man sich dagegen z.B. auf Englisch als internatio-nale Geschäftssprache, wird die Kommunikation wesentlich vereinfacht. Bei EDI kommt hinzu, daß nicht nur viele Länder, sondern praktisch jedes Unternehmen seine eigene „EDV-Sprache spricht". Erst wenn branchen- und nationenübergreifend eine gemeinsame „Sprache" gesprochen wird kann man ohne Abstimmungsprobleme kommunizieren. Hierzu wurde der Standard EDIFACT geschaffen.

- Es ist nur ein Zwischenstadium, wenn im allgemeinen Geschäftsverkehr statt der Papierdokumente Datenträger mit der Briefpost versendet werden. Erst durch die elektronische Datenfernübertragung wird das große Zeiteinsparungspotential von EDI nutzbar. Auch hierbei ist eine Standardisierung sehr wichtig, damit eine problemlose Kommunikation aller Geschäftspartner möglich wird. Man spricht von einer offenen Kommunikation. Zur Veranschaulichung kann man die hier auftretenden Probleme auf die Briefpost übertragen. Der Transport wird beim Brief durch die Post organisiert und mit Hilfe verschiedenster Transportmittel erledigt. Bei Datenübertragungen be-dient man sich verschiedener Leitungssysteme wie ISDN, Datex-P, Telefon, usw. . Briefe werden mit einem weltweit genormten Umschlag versehen und adressiert. Bei elektronischer Versendung werden Standards (sog. Protokolle) verwendet wie X.400, die genauso wirken. Die Organisation des Transportes kann bei der Datenfernübertra-gung von öffentlichen Anbietern (Telebox 400), von privaten Dienstleistern (VANS oder Cleeringstellen) oder selbst durchgeführt werden. Die öffentlichen- und privaten Anbieter übernehmen hierbei die weitere Abwicklung der Übertragung und sorgen für einen reibungslosen Ablauf. Durch eine zeitliche, organisatorische und technische Entkopplung bieten sie große Vorteile und ermöglichen auch eine Übertragung an Partner mit anderen Leitungssystemen, denn sonst könnte man nur mit den Ge-schäftspartnern kommunizieren, die mit der gleichen Übertragungstechnik (z.B. Datex-P) arbeiten. Die Anbieter unterscheiden sich in der Übertragungsgeschwindigkeit, den Kosten und dem Serviceumfang.[1] Um den Inhalt eines Briefes verstehen zu können, muß der Empfänger die entsprechende Sprache und Schrift kennen. Um eine elektronische Nachricht verwenden zu können, muß der Empfänger den verwendeten Standard verarbeiten können.

- Unter Weiterverarbeitbarkeit versteht man den Wegfall manueller Dateneingaben und Überprüfungen. Es sind Automatisierungsprozesse, bei denen die eingehenden Nachrichten so in das eigene EDV-System integriert werden, wie dies zuvor von Sachbearbeitern durchgeführt wurde. Hierzu sind umfangreiche Sicherheits- und Kontrollmechanismen einzuarbeiten.[2]

2.2 EDIFACT

Im Gegensatz zu anderen Nachrichten-Standards ist EDIFACT weltweit abgestimmt und vereinheitlicht. Deshalb werden diese Nachrichten auch United-Nations-Standard-Message oder kurz UNSM oder UN-EDIFACT genannt. EDIFACT ist zunächst nur das Regelwerk, das festlegt wie die Nachrichten aufgebaut werden. Die EDIFACT-Regeln basieren wie eine Sprache auf einem Wortschatz (Datenelemente) und einer Grammatik (Syntax). Auf dieser Basis wurden oder werden dann Nachrichtentypen, wie Rechnung, Bestellung, Bestelländerung usw., entwickelt.[3]

Eine Nachricht besteht aus Segmenten, Segmente bestehen aus Datenelementen. Sie wird definiert, als eine geordnete Folge von Segmenten, die im Nachrichtenaufbaudiagramm dargestellt wird. Jede Nachricht beginnt mit dem Nachrichten-Kopfsegment (UNH), durch welches die Nachricht identifiziert wird und endet mit dem Nachrichten-Endsegment (UNT). Alle Teile stehen in der Nachricht in einer fest definierten Reihenfolge. Anhand ihrer Position im Segment werden Datenelemente identifiziert, während Segmente durch einen Segmentbezeichner identifiziert werden. Es gibt einen Muß- und Kann-Status, wobei Muß-Datenelemente am Anfang des Segmentes stehen sollen.

Bausteine:

- Datenelemente sind die Grundbausteine, die eine Information darstellen (z.B. Artikelnummer, Preis usw.). Sie sind vergleichbar mit einem Datenfeld.

---

[1] Vgl. Krembsler, Robert, Kriterien für die Auswahl von Netzen und Diensten, in: EDI 90 Report, Hrsg. EWI Ges. f. Europäische Wirtschaftsinformation mbH, Starnberg, 1990, S. 102f.

[2] Vgl. Jonas, Christoph, a.a.O., S. 235ff.

[3] Vgl. ebd., S. 251f.

- Datenelementgruppen sind logisch zusammenhängende Datenelemente (z.b. Menge und Preis).

- Segmente sind logisch zusammenhängende Datenelemente und/oder Datenelementegruppen (z.b. Angaben zu Bankverbindungen, Zahlungsbedingungen, usw.). Diese sind vergleichbar mit Datensätzen. Sie beginnen mit dem Segmentbezeichner und enden mit einem Segmentendzeichen.

- Desweiteren gibt es Qualifier, Identifier, Codes, usw., die die allgemeingehaltenen Segmente und Elemente näher beschreiben. Z.B. wird das Segment Name durch den Qualifier E oder A als Empfänger oder Absender identifiziert. Hierdurch wird die Anzahl der verschiedenen Segmente begrenzt. Bei der Heizkostenabrechnung gibt es z.b. ein Feld Brennstoffart, das erst durch einen Code (z.b. 10 = Öl) spezifiziert wird.[1]

Ein wichtiger und oft erwähnter Punkt ist, daß die Länge der einzelnen Datensätze (Segmente) und Datenfelder (Datenelemente) variabel ist. Dadurch müssen bei EDIFACT-Nachrichten keine Leerzeichen oder Nullen für nicht benötigte Teile ergänzt werden, wie bei Datensätzen fester Länge. Dies ist die Voraussetzung für eine allumfassende Nachricht, bei der jeder Anwender nur die für seine Nachricht benötigten Teile verwendet. Die Möglichkeit nur die tatsächlich benötigten Segmente und Elemente zu übertragen wird wie folgt erreicht:

Wird ein Kann-Segment nicht benötigt, so wird an dessen Stelle nur ein Trennzeichen angegeben. Das Trennzeichen steht für die fest vorgeschriebene Position des nicht benutzten Segments. Werden die letzten Segmente weggelassen kann sogar das Trennzeichen entfallen, es folgt dann das Endsegment. Dies alles gilt analog auch für die Datenelemente und Elementegruppen innerhalb der Segmente.

Beispiel:

Nachrichtenaufbaudiagramm: UNH_Segment1_2_3_4_5_6_7_8_9_10_UNT

tatsächliche Nachricht: UNH_Segment1_2..._6._8_UNT[2]

Dies erlaubt zwar eine komprimierte Übertragung, doch durch die große Komplexität und Verallgemeinerung der Nachricht ergeben sich Interpretationsschwierigkeiten in der Praxis. So können bestimmte Informationen auf verschiedene Weise dargestellt werden, so daß es ohne jegliche Abstimmung zwischen den Partnern zu Problemen kommt. Deshalb entstanden in der Praxis branchenbezogene Untermengen der EDIFACT-

---

[1] Vgl. Mehnen, Heiko, EDIFACT - Syntax, Messages, Design, in: EDI 89 Report, Hrsg. dc: deutsche congressgesellschaft starnberg mbH, Starnberg, 1989, S. 247ff.

[2] Vgl. Normenausschuß Bürowesen (NBÜ) im DIN , EDIFACT Entwicklung, Grundlagen und Einsatz, o. O., o. J., S. 7ff.

Nachricht, die sog. Subsets. Sie sind völlig EDIFACT konform, es werden lediglich bestimmte Segmente weggelassen. So verringert sich vor allem der Interpretationsspielraum und neue Anwender brauchen nicht erst die für ihre Branche in Frage kommenden Teile mühevoll heraussuchen. [1]

2.3 Entstehung und Entwicklung

2.3.1 Entstehung der ersten Nachrichten-Standards

Bereits mit der Einführung der elektronischen Datenverarbeitung wurden technische Lösungen für den digitalen Austausch der Daten gesucht und auch schon realisiert. Die Kommunikation zwischen unterschiedlichen Systemen konnte allerdings nur bilateral mit viel individuellem Aufwand betrieben werden[2]. Derartige Nachrichten waren jedoch so speziell auf die jeweiligen Unternehmen abgestimmt, daß weitere Interessenten diese so nicht nutzen konnten. Zur weiteren Verbreitung fehlte es an einheitlichen Nachrichtentypen d.h. Standards. Den größtmöglichen Nutzen für alle hätte ein neutraler allgemeingültiger Standard gehabt, so daß Abstimmungsprobleme minimiert würden.[3] Doch die Realisierung in derart großen Dimensionen ist schwierig und langwierig. Außerdem ließen sich die Interessen der Initiatoren in kleineren Gruppen besser durchsetzen. Aus diesen Gründen gab es zunächst unterschiedliche Entwicklungen.

In Nordamerika setzte sich ein nationaler branchenneutraler Standard durch, der vom dortigen Institut für Normung entwickelt wurde und bekannt ist unter dem Namen ANSI-X12.

In Großbritannien ist die Norm UN/GTDI (UN Guidelines for Trade Data Interchange) weitverbreitet, die von der UN/ECE entwickelt wurde. Auch diese Norm ist branchenunabhängig, konnte sich jedoch nicht international durchsetzen[4]

In Deutschland entwickelten sich verschiedene Branchenstandards wie VDA in der Automobilindustrie oder SEDAS im Handel. Auch bei der Heizkostenabrechnung einigte man sich in der Arbeitsgemeinschaft Heizkostenverteilung e.V. (ARGE) auf einen Branchenstandard, die sogenannten Satzarten. Systemhersteller und Softwareanbieter mußten Schnittstellen zu diesen Branchenstandards bereitstellen, so besitzen z.B. heute

---

[1] Vgl. Deutsch, Markus, Electronic Data Interchanche setzt sich durch, in: x-change, 10/1993, S. 120f.

[2] Vgl. Christann H.-J., Die Evolution von EDI zu EDIFACT, in: EDI 90 Report, Hrsg. EWI Ges. f. Europäische Wirtschaftsinformation mbH, Starnberg, 1990, S. 10f.

[3] Vgl. Hörig, E.-A., Internationale Entwicklung des Elektronischen Datentausches (EDI), in: EDI 89 Report, Hrsg. dc: deutsche congressgesellschaft starnberg mbH, Starnberg, 1989, S. 13

[4] Vgl. Christann H.-J., a.a.o., S. 11

die meisten Softwareprodukte für Hausverwaltungen eine Schnittstelle zum Datentausch der ARGE.

In manchen Branchen, vor allem im Finanzbereich mit SWIFT, konnten sich die Standards international ausbreiten.

Diese Entwicklung brachte Probleme bei der weiteren Ausbreitung von EDI, insbesondere aus internationaler Sicht. Deshalb erkannte man, daß eine Vereinheitlichung notwendig wurde.

2.3.2 Entwicklung des branchenneutralen internationalen Standards EDIFACT

In der Entwicklung einheitlicher Nachrichtenstandards waren die USA und Großbritannien führend. 1985 begannen die Bemühungen der Vereinten Nationen, die beiden Ansätze eines branchenneutralen Standards ANSI-X12 und UN/GTDI zu vereinheitlichen. Bereits im März 1987 wurde der Standard EDIFACT von der UN/ECE/WP.4 in Genf als Synthese beider Nachrichtenformate veröffentlicht. 1988 wurden die von ISO, CEN und DIN übernommenen EDIFACT Syntax-Regeln als ISO 9735 bekannt gegeben.

Die Entwicklung, Bearbeitung und Förderung des Standards wurde von internationalen Experten der UN/JEDI Group (UN-Joint Electronic Data Interchange) durchgeführt. Unterstützt wurde dies in Europa durch TEDIS (Trade Electronic Data Interchange Systems) und national durch den NBü (Normenausschuß Bürowesen) im DIN. [1]

Da EDIFACT aufgrund der Allgemeingültigkeit Elemente aus allen Branchen und Nationen enthält, ist die Norm sehr komplex. Die einzelnen Anwender benötigen jeweils nur einen Teilbereich der gesamten Nachricht. Deshalb entwickelten sich branchenspezifische Untermengen, sogenannte Subsets. Im Gegensatz zu reinen Branchenstandards haben diese jedoch eine gemeinsame Basis.

Mit EDIFACT wurde die Möglichkeit einer größeren Verbreitung geschaffen, es ist ein Schritt zur „Offenen Kommunikation" d.h. jeder kann mit jedem Nachrichten austauschen, wie es z.B. beim Telefon schon selbstverständlich ist. Doch die teilweise bereits weitverbreiteten und gut eingespielten Branchenstandards werden nicht automatisch von EDIFACT abgelöst. [2]

---

[1] Vgl. Normenausschuß Bürowesen (NBÜ) im DIN , a.a.O., S. 3f.

[2] Vgl. Picot A., Neuburger R., Niggl J., Ökonomische Perspektiven eines „Electronic Data Interchange", a.a.O., S. 22f.

2.3.3 Heutiger Stand der Entwicklung

EDI wird als Schlüsseltechnologie der Zukunft bezeichnet und hat die größten Wachstumsraten.[1] Hierzu trägt auch die parallel verlaufende Weiterentwicklung der Übertragungstechnik und Vereinheitlichung der Übertragungsprotokolle bei. Auf der Basis des ISO-7-Schichten-Kommunikationsmodells wurden 1984 unter der Reihe X.400 einheitliche Kommunikationsmodelle herausgegeben. 1990 wurde speziell für EDIFACT-Anwender ein eigenes Protokoll als X.435 veröffentlicht.[2]

Heute ist die Entwicklung aller EDI Komponenten soweit fortgeschritten, daß einer weiteren Ausbreitung nichts mehr im Wege steht. Neben dem Standard EDIFACT und den Übertragungsrichtlinien ist auch das digitale Datennetz nahezu komplett und es gibt ein breites Angebot an genügend ausgereifter Software und Dienstleistungen. Die notwendigen Ersterfahrungen sind inzwischen zu Routinearbeiten geworden.[3]

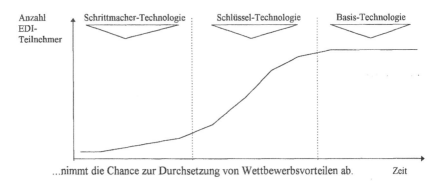

Abbildung 4: Schrittmacher-, Schlüssel-, Basistechnologie

Quelle: Thomas, Herbert E., Elektronischer Geschäftsverkehr in einem Europa ohne Handelsschranken, in: EDI 90 Report, a.a.O., S. 169

---

[1] Vgl. Jonas, Christoph, a.a.O., S. 233

[2] Vgl. Christann H.-J., a.a.o., S. 11f.

[3] Vgl. Deutsch, Markus, Electronic Data Interchange setzt sich durch, a.a.O., S. 116

11

2.3.4 Zukunftsperspektiven

In Zukunft werden Unternehmen die „EDI-Fähigkeit" ihrer Geschäftspartner voraussetzen und zur Bedingung machen. Eine positive Bewertung wird dann von der Stärke der EDI-Durchdringung abhängen, eine Teilverwirklichung z.b. ohne Weiterverarbeitung reicht dann nicht mehr aus. [1] EDI wird eine große Repräsentationsfunktion bekommen, weil hier die Berührungspunkte zu den Geschäftspartnern entstehen.

Bei der weiteren Ausbreitung von EDI werden die öffentliche Verwaltung und kleine bis mittlere Betriebe eine entscheidende Rolle spielen.[2] EDI wird sich vom Kerngeschäft auf Randgebiete ausdehnen und das gesamte Unternehmen erfassen. Die Integrationsmöglichkeiten werden als Auswirkung von EDI vervollständigt und optimiert, von den Anwendungen und Daten bis hin zur Integration der Kommunikation. Der vollständige Datentausch ist dann realisiert. [3]

3 Ist-Situation in der Heizkostenverteilungsbranche

3.1 Besonderheiten der Unternehmen in der Branche Heizkostenverteilung

3.1.1 Grundlagen der verbrauchsabhängigen Abrechnung

Die verbrauchsabhängige Abrechnung von Heiz- und Wasserkosten ist ein sehr spezielles Thema. Da die Kaltwasserabrechnung erst in den letzten Jahren an Bedeutung gewonnen hat, spricht man im allgemeinen nur von der Heizkostenabrechnung. Hiermit sind die Heizkosten gemeint, die zur Erwärmung von zentralen Heizungs- und Warmwasseranlagen anfallen. Um einen kleinen Einblick in die weitreichende Materie zu bekommen, werden im folgenden kurz die Grundlagen der Heizkostenabrechnung im Kernpunkt erläutert. Zur Vereinfachung wird die Warm- und Kaltwasserabrechnung ausgeklammert, auch jegliche Details, wie Nutzerwechsel, weitere umlagefähige Kosten, Plausibilitätsprüfungen, Schätzungen, usw., werden nicht berücksichtigt.

---

[1] Vgl. Deutsch, Markus, Unternehmenserfolg mit EDI - Strategie und Realisierung des elektronischen Datentausches, Vieweg, Braunschweig, Wiesbaden, 1994, S. 176

[2] Vgl. Thomas, Herbert E., Elektronischer Geschäftsverkehr in einem Europa ohne Handelsschranken, in: EDI 90 Report, a.a.o., S. 166

[3] Vgl. Oswald, Gerd, Rationalisierungspotentiale und Wettbewerbsvorteile, in: EDI 90 Report, Hrsg. EWI Ges. f. Europäische Wirtschaftsinformation mbH, Starnberg, 1990, S. 150f., 158f.

Einmal jährlich, am Ende des Abrechnungszeitraumes, werden alle Erfassungsgeräte abgelesen. Die Ablesewerte bilden zusammen mit den Heizkosten die Grundlage für die Abrechnungserstellung. Die Hausverwaltung liefert zum einen Stammdaten, wie Nutzernamen und deren Wohnfläche, zum anderen die zu verteilenden Heiz- und Betriebskosten. Sie erhält vom Abrechnungsunternehmen erstens eine Wärmedienstrechnung, die automatisch in der Abrechnung mit verteilt wird. Zweitens eine Gesamtabrechnung der zu verteilenden Kosten für eigene Zwecke, mit den wichtigsten Daten der einzelnen Nutzer. Drittens die Einzelabrechnungen zur Weitergabe an die Mieter bzw. Wohnungseigentümer, mit den auf die Nutzer entfallenden Kosten, geleisteten Vorauszahlungen und sich daraus ergebende Guthaben oder Nachforderungen (siehe Anhang).

Die Gesamtkosten werden aufgeteilt in Grundkosten und Verbrauchskosten (Verteilungsschlüssel zwischen 50/50 und 30/70). Die Grundkosten werden dann pauschal z.B. nach QM-Wohnfläche aufgeteilt, während nur die Verbrauchskosten entsprechend der abgelesenen Verbrauchseinheiten abgerechnet werden. Die Grundkosten sollen in etwa die verbrauchsunabhängigen Kosten, wie Grunderwärmung, Rohrleitungsverluste, Wartung, Wohnungslageausgleich, usw., abdecken. Die verbrauchsabhängige Abrechnung wird vom Gesetzgeber seit 1981 vorgeschrieben, um CO_2-Emmissionen zu verringern. Nach Untersuchungen des Bundesministeriums für Wirtschaft führt der Effekt, daß derjenige der mehr heizt auch mehr bezahlt, im Schnitt zu einer Energieeinsparung von ca. 15%. Da die Kosten der Abrechnung niedriger liegen als die erzielten Einsparungen, nutzt dies nicht nur der Umwelt, sondern auch dem Geldbeutel der Mieter. Ein Beispiel: Vor der Verbrauchserfassung zahlt ein im Hausdurchschnitt liegender Nutzer DM 1000,- Heizkosten pro Jahr. Nach der Verbrauchserfassung sinkt der Energieverbrauch durch wirtschaftlicheres Heizen um 15% (= DM 150,- Heizkostenersparnis). Die Abrechnung kostet DM 60,-, er zahlt also DM 90,- weniger.

Die Verbrauchserfassung erfolgt mittels Heizkostenverteilern, Wärme- und Wasserzählern.[1]

Vereinfachtes Beispiel einer Heizkostenabrechnung:

Prämissen:

Ein Haus, das von einer Zentralheizung versorgt wird (= Liegenschaft), wird von zwei Mietern (= Nutzern) bewohnt: Mieter A und Mieter B.

Die Wohnung des A hat 80 QM Wohnfläche, die des B 120 QM.

---

[1] Vgl. Bundesministerium für Wirtschaft (BMWI), Verbrauchsabhängige Abrechnung, Bonn, 1990, S. 4 ff.

Als Vorauszahlung (= Abschlagszahlung) für die Heizkosten zahlt A: DM 280,- ; B: DM 640,- pro Abrechnungszeitraum (= Heizperiode)

Die Heizkosten sollen zu 50% nach Verbrauch und zu 50% nach der QM-Wohnfläche abgerechnet werden (= Verteilungsschlüssel 50/50)

Am Ende des abzurechnenden Zeitraumes (z.B. 1.07.94 - 30.06.95) werden die installierten Heizkostenverteiler abgelesen: A hat insgesamt 1500 Verbrauchseinheiten (=Striche), B hat 2500 Striche.

Die Heizkosten betragen für diesen Zeitraum DM 1000,- (z.B. gemäß Gasabrechnung).

Verteilung der Gesamtkosten				Einzelabrechnung je Nutzer			
Kostenart	Betrag in DM	geteilt durch	Gesamt- einheiten QM / Striche	= Betrag je Einheit in DM	Einheiten x der Nutzer QM / Striche	=	Kosten je Nutzer DM
Heizkosten	1000,00						
davon				*Nutzer A*			
50% Grundkosten	500,00	:	200 QM	= 2,5000	x 80 QM	=	200,00
50% Verbrauchskosten	500,00	:	4000 Striche	= 0,1250	x 1500 Striche	=	187,50
				Kosten Nutzer A:			387,50
				Vorauszahlung:			280,00
				Nachzahlung:			-107,50
				Nutzer B			
50% Grundkosten	500,00	:	200 QM	= 2,5000	x 120 QM	=	300,00
50% Verbrauchskosten	500,00	:	4000 Striche	= 0,1250	x 2500 Striche	=	312,50
				Kosten Nutzer B:			612,50
				Vorauszahlung:			640,00
				Guthaben:			27,50

Abbildung 5: Beispiel einer Heizkostenabrechnung

(Vergleiche Anhang)

3.1.2 Position der Branche in der Wirtschaft

In der Arbeitsgemeinschaft Heizkostenverteilung e.V. sind national Unternehmen organisiert, die als Kernstück die Heizkostenabrechnung anbieten. Hierunter versteht man die Abrechnung von Heizkosten für die zentrale Erwärmung von Heizanlagen und Warmwasser mittels Erfassungsgeräten. Daneben kamen inzwischen noch zahlreiche weitere Dienstleistungen hinzu wie Kaltwasser- oder Betriebskostenabrechnungen, Wartung, Vermietung, u.v.m.. Hier zählt auch der Datenaustausch als erweiterte Dienstleistung dazu. Als zweite Komponente werden aber auch die für die Abrechnung erforderlichen Erfassungsgeräte vertrieben: Heizkostenverteiler, Wärme- und Wasserzähler. Die dritte

Komponente ist der Montageservice. Da nur bei fehlerfreier Montage eine korrekte Abrechnung möglich ist, wird die Ausrüstung der Liegenschaften von der Geräteauswahl über die Montage bis zur Datenaufnahme von den Unternehmen betreut oder selbst durchgeführt.

Als Dienstleister sind die Unternehmen Teil der Branche Wohnungswirtschaft. Hier geht es um die Betreuung des Wohnungsbestandes in allen Belangen. Gebäudeeigentümer, Verwalter, Wohnungsgesellschaften, Energielieferanten, Architekten, Planer für Gebäudetechnik und andere Dienstleister (z.B. Sicherheitsdienste, Gebäudereinigung usw.) gehören hierzu.

Als Gerätelieferanten sind die Mitglieder der ARGE Teil der Branche Sanitär- und Heizungstechnik, die wiederum Teil der Bauindustrie ist. Berührungspunkte gibt es hier insbesondere mit anderen Meßgeräteherstellern, Heizungs- und Heizkörperproduzenten, Handwerkern und Planern für Heizung/Sanitär.

Die Unternehmen der Branche sind also gleichzeitig Dienstleister auf dem Gebiet der Heizkostenabrechnung und Geräteproduzenten für Erfassungsgeräte. Der Vertrieb erfolgt an Handwerksunternehmen und Endverbraucher, wobei auch Montage- und Wartungsarbeiten angeboten werden.

Während die Sanitär- und Heizungsbranche ausschließlich über den dreistufigen Vertriebsweg arbeitet, d.h. Produzent, Großhandel, Handwerk, treten die Unternehmen der Heizkostenverteilung direkt an die Endverbraucher heran.

Die Erfassungsgeräte sind die Grundlage für die spätere Abrechnung. Fehler bei der Auswahl, der Technik oder der Montage der Geräte wirken sich negativ auf die Dienstleistung aus. Heizkostenverteiler der Firma A können in der Regel nur von dieser Firma abgerechnet werden, so wie beim Mobilfunk, bei dem ein Handy nur für ein bestimmtes Netz funktioniert. Daher ist die Lieferung der Geräte und die Ausrüstung der Liegenschaften eng an die verbrauchsabhängige Abrechnung gekoppelt und wird hauptsächlich von den Abrechnungsunternehmen selbst durchgeführt. Selbst wenn bei der Auftragsabwicklung ein Handwerker zwischengeschaltet ist, werden zumindest die Heizkostenverteiler vom Abrechnungsunternehmen montiert.

Das Kundenprofil ist sehr weit gefächert. Die Gemeinsamkeit liegt darin, daß sie eigene oder fremde Wohnungen verwalten oder diese mit Erfassungsgeräten ausrüsten. Das Spektrum reicht von kleinen Privatkunden oder Hausverwaltungen über Handwerker der Sanitär- und Heizungsbranche bis hin zu Wohnungsgesellschaften und Großeigentümern wie öffentliche Hand, Banken, Versicherungen usw..

Wichtige Beeinflusser der Entscheidungsträger sind Architekten, Bauleiter, Planungsbüros, Rechenzentren und die Heizungsindustrie.

15

Die gesetzlichen Rahmenbedingungen im Zusammenhang mit dem Umweltschutz (Heizkostenverordnung mit Pflicht zur Verbrauchserfassung) haben selbstverständlich größte Bedeutung für die Branche. Das gleiche gilt für die Zulassungsbestimmungen der DIN- bzw. CEN-Ausschüsse bezüglich der Einsatzbereiche und Technikanforderungen der Erfassungsgeräte.

3.1.3 Bedeutung für mögliche EDI-Anwendungen

- EDI-Anwendungen auf der Kundenseite werden durch das weite, branchenübergreifende Kundenspektrum und den großen Anteil kleiner Privatkunden erschwert. EDI wird zunächst auf einen Teilbereich der Großkunden beschränkt bleiben. Das Hauptdatenvolumen liegt in dem sehr speziellen Bereich der Heizkostenabrechnung, für die es keine branchenübergreifenden Standards gibt. Bei den konventionellen Anwendungen im Gerätevertrieb, wie Bestellung oder Rechnung, liegt selbst bei Großkunden ein verhältnismäßig geringes Datenvolumen vor, da die Anzahl der Liegenschaften begrenzt ist und die Ausrüstung einmalig erfolgt. Selbst wenn das Datenvolumen bei bestimmten Kunden groß ist, z.B. wenn große Wohnsiedlungen ausgerüstet werden, so ist diese Situation nicht von Dauer. Nach Beendigung der Ausrüstungsphase tendiert die Auftragslage eines Kunden gegen Null, denn kaum ein Eigentümer kann unbegrenzt Wohnungen bauen. Für kurzfristige Geschäftsbeziehungen mit Endverbrauchern ist EDI jedoch weniger effektiv und wird sich in diesen Bereichen erst als Basistechnologie durchsetzen. Um auch in derartigen Randgebieten Daten elektronisch austauschen zu können, sind EDI-Erfahrungen aus anderen Bereichen allerdings unbedingt notwendig.

- Auf der Lieferantenseite ist das Belegvolumen wesentlich größer und beständiger. Hier kann es sich als Vorteil erweisen, daß die Unternehmen keine reinen Dienstleister sind, sondern durch den Gerätevertrieb auch über Geschäftsbeziehungen mit der Zuliefererindustrie verfügen. Es besteht mit den Lieferanten ein konventioneller Nachrichtenverkehr, der, gemessen am Datenvolumen und der Datenstruktur, für EDI-Anwendungen auf EDIFACT-Basis geeignet erscheint. Da die Zulieferer auch andere Branchen beliefern, verfügen manche evtl. bereits über EDI-Erfahrungen. Entscheidend ist, daß dieser Geschäftsbereich der Branche kein Spezialbereich ist wie die Heizkostenabrechnung, sondern ein herkömmliches Gebiet aus dem Warenangebot der Sanitär- und Heizungsbranche.

3.2 Derzeitige Situation beim bereits bestehenden Datenaustausch

Die bei der Heizkostenabrechnung zu übermittelnden Daten können schon seit längerer Zeit auf Datenträgern versandt werden anstelle von Papierdokumenten. Hierzu wurde ein eigener Standard entwickelt, bei dem jeder Nachrichtenteil als Satzart bezeichnet wird.

- Satzart A: Als Voraussetzung für einen Datenaustausch werden hier zunächst die Codes der Partner zugeordnet, d.h. die Liegenschafts- und Nutzernummern der Abrechnungsunternehmen werden den entsprechenden Verwaltungseinheiten (VE-Nr.) und Mietkontonummern der Hausverwaltungen zugeordnet.

- Satzart M und L: Dies ist die Nachricht der Stammdaten, die die Hausverwaltung an das Abrechnungsunternehmen schickt. M steht für Mieterdaten, wie Vorauszahlungen, Wohnungsgröße, Ein- und Auszugsdatum, etc. . L steht für Liegenschaftsdaten, wie Objekt-Nr., Adresse, etc. .

- Satzart B und K: Hier handelt es sich um die Heizkostenaufstellung. B enthält grundlegende Informationen, wie Brennstoffart, Warmwasserbereitung u.ä. . K sind die eigentlichen Kosten, wie Heizkosten, Wartung, Betriebsstrom, Emmissionsmessung usw.

- Satzart D: Dies ist nun zuletzt die Nachricht Heizkostenabrechnung. Sie beinhaltet die Abrechnungsergebnisse, also Kosten und Guthaben bzw. Nachzahlung der einzelnen Nutzer.[1]

EDI ist bei der Heizkostenabrechnung praktisch realisiert, wenn auch auf eine eigentümliche Art. Doch schließlich wurde dieser Datenaustausch völlig autonom entwickelt, zu einer Zeit zu der von EDI noch keine Rede war. Der Datenaustausch ist genau auf die speziellen Belange der Heizkostenabrechnung zugeschnitten. Die Datenfernübertragung könnte ohne weiteres realisiert werden. Dies ist aber nicht nötig, da die Daten absolut zeitunkritisch sind, d.h. hier spielen allenfalls Tage aber keine Minuten eine Rolle.

---

[1] Vgl. Hüner, Jörg, Kaltwasserabrechnung per Datenaustausch verabschiedet, in: Die Heizkostenabrechnung, Jg. 9, Nr. 9 September 1994, Hrsg. ARGE Heizkosten e.V., Bonn, S. 31

Datenaustausch der ARGE Heizkostenverteilung e.V.

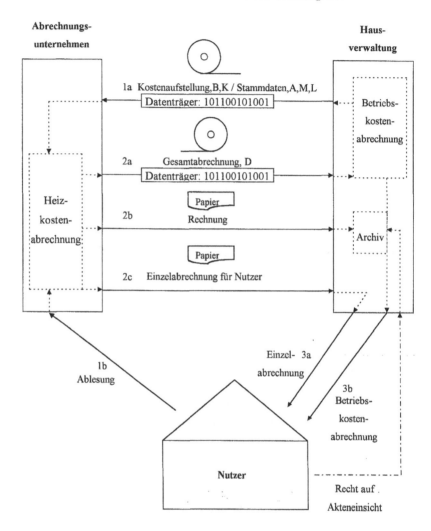

Abbildung 6: Darstellung der Nachrichtenwege bei der Heizkostenabrechnung

(Vergleiche Anhang)

Zu 1:

a) Die Hausverwaltung übermittelt die Heizkostenaufstellung und die Liegenschafts- / Nutzerdaten mittels Satzart B, K und A, M, L per Datenträger an das Abrechnungsunternehmen.

b) Das Abrechnungsunternehmen liest die Erfassungsgeräte in der Liegenschaft ab und erstellt die Heizkostenabrechnung gemäß den aufgegebenen Kosten, den Nutzerdaten und den Ableseergebnissen.

Zu 2:

a) Die Abrechnungsergebnisse werden mit der Satzart D per Datenträger an die Hausverwaltung übertragen, so daß die Guthaben bzw. Nachzahlungen der Nutzer direkt auf den entsprechenden Mieterkonten verbucht werden können.

b) Die sog. Wärmedienstrechnung, die bereits in der Heizkostenabrechnung berücksichtigt wurde, wird als Papiernachricht verschickt, da sie als Beweisdokument gegenüber den Mietern vorliegen muß.

c) Die Einzelabrechnungen für die Nutzer werden ebenfalls auf Papier gedruckt und an die Hausverwaltung zur Kontrolle verschickt.

Zu 3:

a) Nach der Überprüfung werden die Einzelabrechnungen an die Mieter weitergeleitet.

b) Gleichzeitig kann auch die Betriebskostenabrechnung (sonstige Hausnebenkosten), die in der Regel von der Hausverwaltung erstellt wird, an die Nutzer übersandt werden.

Es handelt sich hier um keine EDI-typische Anwendung, da im Prinzip nur ein Dokument pro Liegenschaft und Jahr (Kostenaufstellung, Abrechnungsdaten) versandt wird. Diese sind dafür inhaltlich äußerst komplex, variantenreich und branchenspezifisch. Der Stammdatenaustausch (Liegenschafts- und Nutzerdaten) spielt hier eine besondere Rolle, da er neben den Bewegungsdaten (Kosten, Verbräuche, usw.) einen erheblichen Teil der Nachrichten ausmacht. Das Recht auf Akteneinsicht der Mieter zwingt rechtlich zur Papierrechnung. In der Praxis wird man wohl noch länger warten müssen, ehe elektronische Nachrichten auch vom Normalbürger allgemein anerkannt sind.

Auf der Kundenseite ist der Anwenderkreis begrenzt, weil nur größere Hausverwaltungen, i.d.R. Wohnungsgesellschaften, das nötige Datenvolumen besitzen, welches den Datenaustausch rentabel macht. Durch die fortschreitende EDV-Verbreitung sind hier allerdings Ausweitungen zu erwarten. Evtl. bietet sich langfristig hier die Möglichkeit die elektronische Heizkostenaufstellung auf eine breite Basis zu stellen. Ob allerdings elektronische Nachrichten, die von Privatkunden versendet werden, in die Anwendungen integriert werden können ist fraglich. Bereits bei konventioneller Zusendung treten in diesem Fachbereich hohe Fehlerquoten auf. Eine automatische Weiterverarbeitung erscheint unmöglich, da alle Kostenaufstellungen der Kunden manuell geprüft werden müssen. Dennoch sind hier Rationalisierungspotentiale gegeben, wenn durch EDI eine

Verringerung der Fehlerquote erreicht werden kann, z.B. durch Ausrechnungshilfen bei der Kostenermittlung von Ölverbräuchen.

Bei der Heizkostenabrechnung besteht eine ähnliche Situation wie im Finanzsektor mit SWIFT. Auch hier wird noch verbreitet mit Datenträgern gearbeitet, die Anwendung ist sehr spezifisch und wurde schon frühzeitig entwickelt. Die Ausbreitung ist hier allerdings bereits international.

Als Ausgangspunkt für die Ausweitung von EDI im Unternehmen ist der Datenträgeraustausch der ARGE wohl nicht geeignet. Im Gegenteil sollte diese Anwendung der heutigen Entwicklung angepaßt werden. Da jedoch Abrechnungsunternehmen neben den speziellen Dienstleistungen auch noch konventionelle Bereiche wie Gerätevertrieb abdecken, ist hier ein Potential für EDIFACT-Anwendungen gegeben. So könnten zunächst EDIFACT-Erfahrungen gesammelt werden, ehe man den Datenaustausch bei der Heizkostenabrechnung anpaßt.

3.3 Mögliche Umstellung des Datenaustausches auf EDIFACT

3.3.1 Chancen

Der derzeitige Datenaustausch der ARGE ist auf die Branche im engeren Sinne beschränkt und dazu nur national ausgerichtet. Die Zahl der potentiellen EDI-Partner ist somit begrenzt. Mit einem EDIFACT-Standard schafft man die Basis, für eine internationale und branchenübergreifende Ausbreitung des elektronischen Nachrichtenverkehrs bei der Heizkostenabrechnung. International können Wettbewerbsvorteile entstehen, wenn die ausländische Konkurrenz keine vergleichbaren EDI-Systeme anbieten kann. Der Einstieg für große Wohnungseigentümer aus anderen Branchen, wie Banken oder Versicherungen, wird erleichtert. Insbesondere dann, wenn bereits EDIFACT-Erfahrungen bestehen. Das EDI-System muß dann lediglich um die Anwendung der Heizkostenabrechnung erweitert werden.

Auf dem internationalen Markt spielen die Versandkosten und Übermittlungszeiten eine größere Rolle als bei Inlandsgeschäften. Durch die Datenfernübertragung wird dieser Nachteil gegenüber ortsansässigen Anbietern aufgehoben. Man erreicht eine größere Kundennähe, weil geographische Entfernungen auch bei Dokumenten sekundenschnell überbrückt werden können. Die Markteintrittschancen auf internationalen Märkten werden so erhöht. Da die maßgeblichen Wachstumspotentiale hier zu finden sind, kommt diesem Aspekt für die Zukunftsperspektiven der Unternehmen große Bedeutung zu.

Das derzeitige Datenaustauschverfahren ist schon lange im Einsatz. Es wurde zwar immer wieder den wachsenden Anforderungen angepaßt und erweitert, doch die prinzipielle Struktur und der Aufbau wurde beibehalten. Aufgrund der enormen Entwicklung in den letzten Jahren auf diesem Gebiet, ist die Handhabung der Satzarten vergleichsweise umständlich und unkomfortabel. Gerade bei neuen Datentauschkunden trifft das Verfahren immer häufiger auf Unverständnis und es werden größere Anforderungen an die Benutzung der Satzarten gestellt. Eine generelle Überarbeitung wäre voraussichtlich auch innerhalb des jetzigen Systems in naher Zukunft notwendig. Daher wird die Entscheidung zur kompletten Umstellung auf EDIFACT erleichtert.

Durch die Einführung eines neuen Standards, kann auch der Aufbau des gesamten EDI-Systems verbessert werden. Alle Komponenten können neu überarbeitet werden und die Abläufe können optimiert werden. Hierdurch kann auch für Kunden, die bisher bei Papiernachrichten blieben, eine Umstellung auf EDI sinnvoll werden. Die damit verbundene Ausbreitung der EDI-Partner hat zur Folge, daß alle Vorteile von EDI stärker genutzt werden. Von der Kostensenkung über die Erweiterung und Verbesserung des Serviceangebotes bis hin zu neuen Kooperationsformen können dann alle Möglichkeiten von EDI nutzbringend für das Unternehmen eingesetzt werden.

3.3.2 Risiken

Mit EDIFACT steigt man im Bereich der elektronischen Nachrichtenübermittlung in eine größere Dimension ein als zuvor. Die Auswirkungen sind sehr weitreichend und schwer vorauszuplanen. Eine derartige Umstellung muß langfristig betrachtet werden und beinhaltet entsprechende Unsicherheitsfaktoren. Die Bedeutung für das Ansehen der Unternehmen der Heizkostenverteilung ist dabei sehr groß. Mängel würden von den Geschäftspartnern direkt erkannt, weil die Anwendung unter deren Mitwirkung erfolgt. Ein Mißerfolg hätte somit weitreichende Folgen für die Branche.

Die Kosten für die EDIFACT-Einführung sind besonders schwer abzuschätzen, weil man kaum auf Standardlösungen zurückgreifen kann. Die Heizkostenabrechnung ist eine Spezialnachricht, die von Standardanwendungen (z.B. Bestellung oder Rechnung) sehr verschieden ist. Evtl. muß die Nachricht erstmals auf EDIFACT-Basis definiert werden. Der Aufwand und damit auch die Kosten steigen hierdurch an. Die Umstellung des bisherigen Datenaustausches auf EDIFACT ist vermutlich schwieriger als eine Erstlösung. Man muß sich zunächst gedanklich von den bestehenden Abläufen lösen, um grundsätzlich neue Wege beschreiten zu können. Die konsequente Durchführung des Projektes ist eine wichtige Voraussetzung. Halbherziges Vorgehen könnte das Projekt gefährden, weil die Komplexität und Schwierigkeit der Umsetzung dies nicht zulassen.

Ebenso wie die Kosten ist die Zeitplanung schwierig. Bei einer derartigen Neuentwicklung bezüglich der EDIFACT-Anwendung kann es durchaus zu Verzögerungen kommen. Da man sich nun in einem größeren internationalen Rahmen bewegen muß, wird die Erstellung des Nachrichtenstandards längere Zeit in Anspruch nehmen. Das größte Problem liegt darin, daß die Dauer der einzelnen Phasen kaum vorhersehbar ist. Die Zeitplanung muß daher entsprechend großzügig sein. Kann diese später dennoch nicht annähernd eingehalten werden, wird es problematisch.

Die Gefahr des Prestigeverlustes muß berücksichtigt werden, sollte man sich mit dem Projekt übernehmen. Dies kann um so eher auftreten, je höher die Ziele und Anforderungen gestellt sind. Es ist zu berücksichtigen, daß die Branche sehr klein ist. Eine stufenweise Verwirklichung ist unerläßlich, um die Anpassungsmaßnahmen bewältigen zu können und das Projekt zum Erfolg zu führen.

3.3.3 Notwendige Schritte der Branche

Um den Datentausch künftig auf der Basis der EDIFACT-Syntax-Regeln abwickeln zu können, wendet man sich an die zuständigen Normierungsstellen z.b. den NBü im DIN. Zunächst betrachtet man die bereits bestehenden Nachrichtentypen, die im EDIFACT-Verzeichnis der Nachrichtentypen (EDMD) aufgeführt werden. Hier ist bereits eine große Anzahl an verschiedenen Nachrichtentypen anzutreffen. Auch wenn für die Heizkostenabrechnung noch keine passenden Versionen dabei sind, können doch ähnliche Fälle als Ausgangsbasis dienen. Dann gilt es, gemäß den EDIFACT-Richtlinien für die Entwicklung von Nachrichtentypen (EDIFACT Message Design Guidelines), die Typen: "Heizkostenaufstellung" (HKZ) und "Heizkostenabrechnung" (HKA) zu entwickeln. Dabei werden mehrere Satzarten zu einer Nachricht zusammengefaßt, so daß nur noch eine Nachricht von der Hausverwaltung und eine vom Abrechnungsunternehmen verbleibt. Die Inhalte des bisherigen Datenaustausches werden in entsprechenden Segmenten und Datenelementen dargestellt. Da diese bei EDIFACT so gebildet werden, daß sie in mehreren Nachrichtentypen Verwendung finden können, müssen gegebenenfalls nur einige spezielle Segmente und Elemente hinzukommen. Die Gesamtstruktur wird im Nachrichtenaufbaudiagramm dargestellt. Die so entstehenden Nachrichtentypen sind dann international einheitlich und branchenübergreifend geregelt. Die elektronische Datenübertragung bei der Heizkostenabrechnung läuft dann in einem weltweit und von allen Seiten anerkannten Rahmen ab.[1]

Spätestens im Zuge dieser grundlegenden Umstellung könnte auch die Einführung der Datenfernübertragung realisiert werden. Die technische und auch organisatorische

---

[1] Vgl. Normenausschuß Bürowesen (NBÜ) im DIN , a.a.O., S. 14f.

Umsetzung wird hierbei keine großen Probleme bereiten. Die fortschreitende Verbreitung bei der Datenfernübertragung wird dazu führen, daß von den Kunden dieser Service in Zukunft erwartet wird. Desweiteren kann diese kostengünstigere und schnellere Übertragung bei der internationalen Kommunikation von entscheidender Bedeutung sein. Da die Einführung von EDIFACT bei der Heizkostenabrechnung nur die Verwendung eines anderen Standards bedeutet, kann die bestehende Hard- und Software für EDI teilweise weiter genutzt werden. Zusätzliche Anschaffungen werden jedoch hauptsächlich dadurch notwendig, weil die prinzipiellen Möglichkeiten von EDI besser genutzt werden.

Bei der Einführung muß schließlich entschieden werden, ob man EDIFACT hauptsächlich bei neuen EDI-Partnern einsetzt und den bisherigen Datenaustausch parallel weiterbetreibt, oder ob man alle alten Kunden auf den neuen Standard umrüstet. Sicher ist es für die Abrechnungsunternehmen vorteilhafter, wenn sie nur noch mit einem Standard arbeiten brauchen. Doch für eine Umstellung auf EDIFACT werden manche Kunden evtl. keine Veranlassung sehen. In diesen Fällen müßten die Kosten hierfür zumindest teilweise übernommen werden. Es gilt also hier zwischen den Kosten und Nutzen abzuwägen. Entscheidendes Kriterium wird hierbei sein, wieviel Kunden bereit sind, freiwillig auf EDIFACT umzusteigen. Wenn man sich innerhalb der Branche einig ist, wird man es sich evtl. sogar leisten können, den alten Datentausch einfach einzustellen. Dann haben alle Kunden nur noch die Wahl zwischen EDIFACT- und Papiernachrichten.

3.3.4 Entwicklung des Umfeldes

Um eine möglichst große Verbreitung der Nachrichtentypen EDIFACT-HKZ und -HKA zu erreichen, muß dem Kunden die Entscheidung zum Einstieg leicht gemacht werden. Entscheidendes Hindernis sind hierbei die Kosten und der organisatorische Aufwand. Schon beim bisherigen Datenaustausch sind die vorhandenen Schnittstellen in Standardprogrammen der Hausverwaltungen eine wichtige Voraussetzung gewesen. Nun müssen die Softwareanbieter wiederum die nötigen Rahmenbedingungen schaffen, um den Kunden die Einführung von EDI zu ermöglichen. Fertige EDI-Systeme für die Heizkostenabrechnung müssen auf dem Markt angeboten werden, die den sehr unterschiedlichen Anforderungen der Kunden gerecht werden. Der individuelle Programmier- und Organisationsaufwand wird so minimiert und damit werden auch die Kosten gesenkt. Das Angebot muß so gestaltet sein, daß sowohl für EDI erfahrene Kunden mit großen EDV-Anlagen als auch für Privatkunden mit PC-Anlagen die richtige Lösung dabei ist. In jedem Fall ist die Benutzerfreundlichkeit bei der Handhabung und eine problemlose Installation wichtig.

Für die Verwirklichung der Datenfernübertragung sollte man sich mit den großen Rechenzentren, die für Wohnungsgesellschaften arbeiten, abstimmen. Diese haben bereits Übertragungssysteme, die berücksichtigt werden müssen. Die Erfahrung und fachliche Kompetenz dieser Partner sollte genutzt werden. Bei der weit gefächerten Kundenstruktur müssen Übertragungsarten ausgewählt werden, die allen Beteiligten gerecht werden. Die Einschaltung eines Übertragungsdienstanbieters (VANS, Cleeringstelle) mit gutem Serviceangebot wird unumgänglich sein. Auf diese Weise kann jeder Kunde die für ihn günstigste Übertragungsart verwenden.

Diese äußeren Bedingungen sind eine wichtige Voraussetzung für eine weitere Verbreitung von EDI bei der Heizkostenabrechnung. Der Einstieg für EDI-erfahrene Großeigentümer aus Industrie, Handel, Banken oder Versicherungen wird ebenso erleichtert, wie für private Hauseigentümer, die die Hausverwaltung am eigenen PC erledigen. Die Weichen für eine EDI-Nutzung vom Großteil des Kundenstammes und für Erfolge am internationalen Markt werden so gestellt.

4 Einführung von EDI / EDIFACT in der Heizkostenverteilungsbranche am Beispiel der Zulieferer

4.1 Voraussetzungen

4.1.1 EDI als strategische Entscheidung

Es liegt auf der Hand, daß man Erstversuche wenn möglich auf der Lieferantenseite durchführt und nicht mit Kunden. Die Heizkostenabrechnung ist ein sehr komplexes und spezielles Gebiet, daher sollte eine EDI-Einführung eher mit einer Standardnachricht durchgeführt werden. Auf diese Weise kann man eine Basis schaffen, durch die man dann auch schwierigere Projekte angehen kann. Um ein EDI-Projekt zum Erfolg zu führen, müssen zahlreiche Vorbereitungen und Entscheidungen im Vorfeld getroffen werden. Viele Auswirkungen und Probleme müssen berücksichtigt werden. Hierbei sollte man auf die richtige Gewichtung achten, d.h. sich auf die wichtigen Dinge zu konzentrieren und sich nicht verleiten zu lassen, bei eher nebensächlichen Fragen auszuschweifen. Denn gerade die technische Seite von EDI wie Hard- und Software, Übertragungsart u.ä., an die man zuerst denkt, ist nicht das wesentliche Problem.[1] Geschäftliche Fragen wie organisatorische Änderungen, rechtliche Aspekte und vor allem die Wahl des bzw. der

---

[1] Vgl. Keys, John, Implementierung von EDI Anwendungen, in: EDI Einsteigerwissen für Techniker, Hrsg. EWI Ges. f. Europäische Wirtschaftinformation mbH, Starnberg, o. J, S. 58

Geschäftspartner und die Wahl der Abläufe sind umfangreicher und entscheidender. Man spricht von einer 80/20 Verteilung.[1]

Wenn die Einführung von EDI in einem Unternehmen durch Druck eines guten Kunden erfolgt, spricht man von einer taktischen Entscheidung. Dies ist sehr häufig der Fall z.b. bei kleinen und mittleren Zulieferfirmen. Dabei wird EDI im engeren Sinne nicht eingeführt, d.h. es erfolgt keine direkte Weiterverarbeitung der Nachrichten, sondern der Kunde wird nur durch eine rein technische Lösung der Datenfernübertragung zufrieden gestellt. Erfolgt die EDI-Einführung jedoch weil man die enormen Nutzenpotentiale von EDI ausschöpfen möchte, ist es eine strategische Entscheidung mit Auswirkungen auf große Teile des Betriebsablaufes. Hierbei wird nicht nur die reine Datenübertragung realisiert, sondern auch die direkte Weiterverarbeitung im eigenen System, d.h. die Integrationsmöglichkeiten werden genutzt. Bei der Auswahl des Geschäftspartners für das Pilotprojekt sollte man diesen Punkt berücksichtigen und deshalb keinen Druck auf den Lieferanten ausüben. [2] Die Planung, Vorteile und Auswirkungen müssen langfristig betrachtet werden. Deshalb muß die Entscheidung für das EDI-Projekt von der Unternehmensleitung getroffen werden. Auch die Leitung eines solchen Einführungsprojektes muß vom höheren Management erfolgen. Ein Mitglied der Geschäftsleitung muß nicht nur direkt für das Projekt benannt werden, sondern auch eine aktive Rolle spielen. Nur so können Entscheidungen über die anstehenden gravierenden Veränderungen zeitlich und sachlich richtig getroffen werden. Alle Führungsebenen müssen ein Grundverständnis für die neue EDI-Technologie entwickeln, alle unmittelbar und mittelbar betroffenen Mitarbeiter müssen frühzeitig über das Projekt informiert werden.

4.1.2 Planung

Wenn diese grundlegenden Dinge geklärt sind, kann an die Planung und Vorbereitung des Projektes herangegangen werden. Als erstes sammelt man Informationen. Dabei bieten sich zahlreiche Möglichkeiten: Softwareanbieter, öffentliche und private Übertragungsdienste, Unternehmensberater, der eigene EDV-Partner, Geschäftspartner, Branchenverbände, Fachzeitschriften/Literatur und nicht zuletzt die eigenen Mitarbeiter. Neben der reinen Information muß dann auch entschieden werden, wer das Projekt als EDI-Fachmann unterstützend begleiten soll.

Die wichtigsten Fragen sollten bereits jetzt sorgfältig geplant und geklärt werden. Die Wahl der Abläufe und der Geschäftspartner. Dabei sollte man sich zunächst auf ein oder

---

[1] Vgl. o.V., Mit EDI gehen keine Daten baden, in: IBM Nachrichten 44, Heft 316, 1994, S.50

[2] Vgl. Keys, John, a.a.O., S. 56f.

zwei beschränken, um die Einführung einfacher und überschaubarer zu halten. Bei der Wahl der Anwendung, d.h. der zu übertragenden Nachricht, ist das Belegvolumen ein entscheidender Faktor für die mögliche Kosteneinsparung. Die Anwendung muß technisch und organisatorisch für EDI geeignet sein und mögliche Geschäftspartner sind zu berücksichtigen. Die Nachricht sollte nicht zu umfangreich und variantenreich sein, es sollte auch kein Spezialgebiet ausgewählt werden, um die Komplexität zu reduzieren. Vom Schwierigkeitsgrad her ist die Telefonrechnung für eine Erstanwendung sicherlich ideal. Die Realisierung wird von einem erfahrenen EDI-Anwender, der Telekom, mit dem ELFE-Projekt angeboten.[1] Das Belegvolumen kann jedoch im Vergleich zu anderen Anwendungen gering sein, es kommt dann auf die Ausbaufähigkeit mit anderen Geschäftspartnern an. Um beiden Seiten den gleichen Vorteil zu ermöglichen, sollte von jeder Seite eine Nachricht versandt und empfangen werden, z.B. Bestellung und Rechnung. Den Geschäftspartner für das Pilotprojekt sollte man sehr sorgfältig auswählen. Kriterien hierfür sind Stand der EDV-Entwicklung (EDI-Erfahrungen u. Interessen, EDV-Durchdringung u. Infrastruktur, usw.), Festigkeit der Geschäftsbeziehung (Dauer, Zukunft, Atmosphäre, usw.) und objektive Parameter (Größe, Entfernung, Anzahl der Produkte). Um die Einführung nicht zu erschweren, sollte man mit nur einem Geschäftspartner beginnen und auch das Belegvolumen und die Zahl der Anwendungen anfangs noch klein halten. Dennoch sollten für die auszutauschenden Dokumente auch noch potentielle weitere Geschäftspartner bekannt sein. Evtl. bestimmt man einen Ersatzpartner für das Pilotprojekt.[2]

4.1.3 Vorbereitende Maßnahmen

Die Information der entsprechenden Mitarbeiter sollte bereits jetzt erfolgen. Wie bei jeder Maßnahme mit Rationalisierungen ist dies sehr wichtig, um keine Unsicherheit aufkommen zu lassen. Die Mitwirkung aller Betroffenen ist gerade in der Planungsphase von Vorteil, um das ganze Unternehmenspotential an Ideen, Problemerkennung und Verbesserungsvorschlägen berücksichtigen zu können.

Nun wird das Projektteam zusammengestellt. Es besteht aus dem Projektleiter (Management), dem EDI-Fachmann (z.B. Unternehmensberater) und aus Mitarbeitern, die die Bereiche Organisation, EDV, betroffene Fachabteilungen (Einkauf, Lager, Buchhaltung, ...) abdecken.[3]

---

[1] Vgl. Jonas, Christoph, a.a.O., S. 258ff.

[2] Vgl. Deutsch, Markus, Unternehmenserfolg mit EDI, a.a.O., S. 130f.

[3] Vgl. ebd., S. 80

Damit der Nachrichtenaustausch und die Integration der Nachrichten später möglichst reibungslos klappt, ist vorher eine sehr genaue und gründliche Analyse der Arbeitsabläufe und der Datenstruktur im Unternehmen nötig. Organisatorische und informationstechnische Unzulänglichkeiten müssen ausgeräumt werden. Defizite bei den entsprechenden Anwendungen müssen vorab behoben werden.[1] Der entscheidende Unterschied zwischen automatisierter und manueller Bearbeitung ist der, daß Sachbearbeiter Fehler korrigieren können, seien es inhaltliche oder auch formale Fehler der Nachrichten. Sie können aufgrund von Erfahrungen ergänzen, streichen, ändern oder auch Rückfragen stellen.[2] Für eine elektronische Bearbeitung müssen die Vorarbeiten u.U. disziplinierter erfolgen. Hier ist viel Detailarbeit zu leisten. Deshalb erfolgt die Integration auch schrittweise, d.h. mit immer weniger manuellen Eingriffen. Doch das Ziel der vollautomatischen Weiterverarbeitung soll natürlich baldmöglichst erreicht werden.[3]

Bevor die Realisierung des Projektes in Angriff genommen werden kann, ist nun noch ein detaillierter Projektplan zu erstellen. Die zeitliche Einteilung sollte bei einem EDI-Projekt eher großzügig sein, da sowohl Programmierungsarbeiten als auch Organisationsumstellungen oft mehr Zeit benötigen als erwartet.[4] Die Planung beinhaltet übersichtlich alle zu realisierenden Punkte in einer zeitlichen Reihenfolge. Wichtige Ergebnisse von Teilabschnitten werden als Meilensteine bezeichnet, wie z.B. Auswahl des Übertragungsmediums, Auswahl des EDI-Systems, Vertrag mit dem Geschäftspartner, usw.. Die Meilensteine werden so definiert, daß ihr Erreichen zeitlich genau fixiert werden kann. So werden die Teilerfolge greifbar.[5]

4.2 Vorteile

4.2.1 Vorteile ohne vollständige Integration

Wenn beim EDI-Einsatz die entsprechenden organisatorischen Anpassungen der Arbeitsabläufe nicht oder nur teilweise durchgeführt werden, dann beschränken sich auch die möglichen Vorteile.[6] Es kommt also auf den Grad der Integration und Automatisierung an. Die Übergänge sind dabei fließend, je nachdem ob der elektronische Nachrichtenaus-

---

[1] Vgl. Thomas H.-E., Strategische und organisatorische Aspekte von EDI, in: EDI 89 Report, Hrsg. dc: deutsche congressgesellschaft starnberg mbH, Starnberg, 1989, S. 50

[2] Vgl. Keys, John, a.a.O., S. 60f.

[3] Vgl. Deutsch, Markus, Unternehmenserfolg mit EDI, a.a.O., S. 100f.

[4] Vgl. o.V., Electronic Data Interchange, in: DATACOM Mehrwertdienste, o.J., S. 108

[5] Vgl. Deutsch, Markus, Unternehmenserfolg mit EDI, a.a.O., S. 125ff.

[6] Vgl. Sedran Thomas, a.a.O., S. 19

tausch überhaupt nicht, teilweise oder vollständig in die Anwendungen und das Informationssystem integriert werden. Da die Automatisierung erst mit der Zeit weiter ausgeweitet wird, werden auch die Vorteile mit steigender Integration zunehmen. Wenn man das eigene EDV-System unverändert läßt und die betreffenden Nachrichten separat einer elektronischen Fernübertragung zuleitet bzw. entnimmt, dann erzielt man lediglich die Zufriedenstellung des Kunden und zeitliche Vorteile bei der Übertragung. Bei einer teilweisen Integration werden meist nur operative Vorteile bei internen Verwaltungsfunktionen erreicht. Viele Vorteile lassen sich nur schwer messen und sind oft kaum EDI direkt zuzurechnen. Durch EDI werden viele Verbesserungen initiiert und der Gesamtnutzen ist das Ergebnis der Summe aller Aktivitäten. [1]

Die Vorteile des EDI-Einsatzes lassen sich in drei große operative Bereiche einteilen und sind in den einzelnen Detailabläufen sehr vielfältig.

- Kostensenkungen:

  Der augenscheinliche Einsparungseffekt, die Eindämmung der Papierflut und weniger Druckaufwand, ist in besonderem Maße vom Grad der Integration, vor allem im Informationssystem, abhängig. Je weniger Abläufe auf elektronische Bearbeitung umgestellt und funktionsfähig sind, um so weniger Papier kann eingespart werden. Dennoch sind die in Beispielen angegebenen Einsparungen bei entsprechendem Belegvolumen enorm und gut quantifizierbar.

  Einsparungen bei den Übertragungskosten können erzielt werden, sind jedoch nicht so leicht zu ermitteln wie es zunächst scheint. Neben den reinen Portokosten und den Gebühren der elektronischen Übertragung müssen auch noch Kosten für die Briefverwaltung und die Übertragungsdienste sowie den sonstigen Übertragungsaufwand berücksichtigt werden. [2]

  Durch geringeren Aufwand bei der Datenerfassung, da die erneute Eingabe der Nachrichten entfällt, werden Personalkosten eingespart oder die Mitarbeiter werden von einfachen Verwaltungsarbeiten befreit und können sich wichtigeren Aufgaben zuwenden. Hierbei tritt allerdings das Problem auf, daß die Anforderungen an die Mitarbeiter steigen.

- Fehlerreduzierungen:

  Die manuelle Datenerfassung ist die größte Fehlerquelle in der Kette der Nachrichtenwege von den Anwendungen des Absenders zu denen des Empfängers. Durch die

---

[1] Vgl. Deutsch, Markus, Unternehmenserfolg mit EDI, a.a.O., S. 95

[2] Vgl. ebd., S. 95f.

Vermeidung dieses Medienbruchs bei EDI-Anwendungen wird hier ein entscheidender Vorteil bezüglich der Datensicherheit erreicht. Eingabefehler und Doppelerfassungen sind praktisch unmöglich. Durch Plausibilitätsprüfungen und Sicherheitsvorkehrungen bei EDI, ohne die kein elektronischer Austausch möglich wäre, ist hier die Fehlerquote weitaus geringer. Hierdurch werden kostenintensive Fehlerrecherchen und Rückfragen vermieden. [1]

• Zeiteinsparungen:

Durch die elektronische Übertragung verkürzen sich die Übermittlungszeiten. Aber auch die Geschäftsabwicklung und interne Abläufe verkürzen sich. Hier kommt es ausschließlich auf die Einbindung in die organisatorischen und EDV-technischen Abwicklungen an.

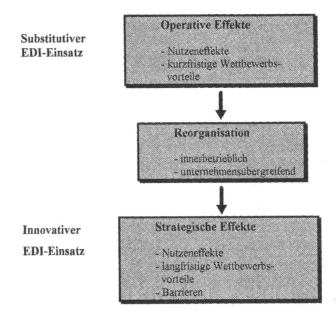

Abbildung 7: EDI-Wirkungskette

Quelle: Sedran Thomas, Wettbewerbsvorteile durch EDI, in: Information Management, 2/1991, S. 19

---

[1] Vgl. o.V., Electronic Data Interchange, in: DATACOM Mehrwertdienste, S. 108

4.2.2 Vorteile bei vollständiger Integration

Um die Vorteile des elektronischen Datenaustausches ganz ausschöpfen zu können, müssen die Nachrichten auch in die Abläufe vollständig integriert sein, d.h. die Anwendungen können ohne manuelle Eingriffe von Mitarbeitern elektronisch abgewickelt werden.[1] Die Informationen der empfangenen Nachrichten stehen dem internen Informationssystem zur Verfügung und auch zwischenbetriebliche Beziehungen werden anders organisiert. Wenn dies der Fall ist, erhöht sich der Umfang der o.g. Vorteile und es kommen weitere, insbesondere strategische dazu, die die Außenbeziehungen des Unternehmens betreffen.

Da manuelle Arbeitsvorgänge durch elektronische ersetzt werden, werden auch die Informations- und Kontrollmöglichkeiten des Managements verbessert.[2]

Viele Informationen die vorher nur auf Papierdokumenten in Ordnern abgelegt waren, sind nun im EDV-System gespeichert und können bei Bedarf nach verschiedenen Auswahlkriterien abgerufen und übersichtlich dargestellt werden.

- zusätzliche Kostensenkungen:

  Durch einen besseren Informationsstand der Lieferfähigkeit auf der einen und des Bedarfs auf der anderen Seite verbessert sich die Warenwirtschaft. Es kommt zu einer Zunahme der Bestell- und Lieferhäufigkeit und die Lagerbestände können verringert werden. Der Koordinationsaufwand verringert sich, die Lagerhaltungskosten werden gesenkt.[3]

  Die Liquidität des Unternehmens wird durch schnellere Zahlungseingänge erhöht, bzw. der Kapitalbedarf durch geringere Lagerbestände verringert.[4]

- zusätzliche Zeiteinsparungen:

  In fast allen Bereichen führt EDI zu zeitlich schnelleren Abläufen und somit zu Vorteilen. Durch die beschriebene Automatisierung, durch optimierte Abläufe und schnellere Anpassungsfähigkeit wird auch eine erhebliche Zeiteinsparung erlangt. Dies zeigt sich zum Beispiel in kürzeren Lieferzeiten, schnellerer Zahlungsabwicklung, kürzeren Geschäftsabläufen vom ersten Angebot bis zur Lieferung und nicht zuletzt durch kürzere Produktionsdurchlaufzeiten durch geringere organisationsbedingte Liegezeiten.[5]

---

[1] Vgl. Jonas, Christoph, a.a.O., S.255

[2] Vgl. Oswald, Gerd, a.a.O., S. 149

[3] Vgl. Sedran Thomas, a.a.O., S. 20

[4] Vgl. Normenausschuß Bürowesen (NBÜ) im DIN , a.a.O., S. 29

[5] Vgl. Oswald, Gerd, a.a.O., S. 138

- verbesserte Außenbeziehungen:

Durch die bessere interne Organisation erhöht sich die Flexibilität der Unternehmung. Eine derartige flexiblere Organisation macht schnellere Reaktionen auf Änderungen der Marktsituationen möglich. Dies ist eine wichtige Voraussetzung um Wettbewerbsvorteile zu erlangen oder zu halten.[1] Durch die Verlagerung von Funktionen lassen sich Randaufgaben effizienter und kostengünstiger durchführen, weil eine bessere Arbeitsteilung möglich wird. Die Geschäftsbeziehungen werden nachhaltig gestärkt, es kommt zu einer echten Kooperation. Durch die engere Zusammenarbeit wiederum werden Kunden stärker gebunden, es bauen sich größere Wechselbarrieren auf, was allerdings auf der Lieferantenseite auch ein Problem darstellen kann. Bei der Gestaltung der Geschäftsbeziehungen lassen sich ganz neue Wege der Zusammenarbeit beschreiten. Beispiele hierzu sind die Übernahme der Stammdatenverwaltung, Einrichtung von Frachtbörsen, Produkt- oder Firmeninformationen und anderen Funktionsübertragungen.

4.2.3 Beispiele aus der Wirtschaft

- Mc Kesson Corp., US-Arzneimittelhändler: Einsparung von 500 Telefonisten aus der Auftragsannahme[2]
- Hewlett Packard: Kosteneinsparung von DM 10,74 pro Auftrag und Zeiteinsparung von 30-40%, ca. DM 200 Mio. pro Jahr[3]
- Hansgrohe, Sanitärindustrie: Kostenersparnis DM 5,- pro Bestellung, bis 1997 ca. DM 1 Mio. pro Jahr[4]
- General Motors: Senkung der Produktionskosten um DM 200,- pro Fahrzeug[5]
- IBM: Einsparungen von 7% mit europäischen Lieferanten[6]
- Douglas Airkraft Company: Kostensenkung von DM 12,- auf DM 2,- pro Bestellung[7]
- Digital Equipment GmbH: Reduzierung des Lagerbestandes in Augusta von $ 2 Mio. auf $ 500.000, Verkürzung der Auftragsbearbeitungszeit von 5 Wochen auf 3 Tage[8]

---

[1] Vgl. Oswald, Gerd, a.a.O., S. 139f.

[2] Vgl. Sedran Thomas, a.a.O., S. 19

[3] Vgl. ebd, S. 19

[4] Vgl. o.V., Mit EDI gehen keine Daten baden, a.a.O., S.49

[5] Vgl. Thomas H.-E., Strategische und organisatorische Aspekte von EDI, a.a.O., S. 27

[6] Vgl. ebd., S. 27

[7] Vgl. ebd., S. 27

[8] Vgl. Keys, John, a.a.O., S. 57

4.3 Probleme

4.3.1 Allgemein

Wenn man erst gar nicht genügend bereitwillige Geschäftspartner für EDI-Anwendungen findet, kann die mangelnde Verbreitung von EDI in der eigenen Branche zum Problem werden. Denn die Vorteile steigen mit der Anzahl der zu erreichenden Kommunikationspartner. Um mögliche Wettbewerbsvorteile nicht zu verspielen, sollte man jedoch nicht erst auf eine weite Verbreitung warten. Eine intensive Informationsarbeit ist aber notwendig, um den Bekanntheitsgrad zu erhöhen und eine größere Einführungsbereitschaft zu schaffen.[1]

Da ein EDI-Projekt mit Geschäftspartnern durchgeführt wird, trägt es zum Erscheinungsbild des Unternehmens bei. Wenn es Schwierigkeiten gibt, kann dies auch negative Folgen auf das Image haben und sich auch auf andere Bereiche des Betriebes auswirken.[2] Führt also ein EDI-Projekt nicht zum gewünschten Erfolg, hat das weitreichendere Konsequenzen als bei internen Projekten. Zumindest die Geschäftsbeziehung zum EDI-Partner würde belastet.

4.3.2 Kosten/Finanzierung

Ein Einführungsprojekt für EDI ist mit Kosten verbunden, die teilweise schwer zu prognostizieren sind. Insbesondere die Umstellungen in verschiedenen Abteilungen sowie abteilungs- und firmenübergreifende Anpassungen können hohe Kosten verursachen. Es muß klar sein, daß die Vorteile des EDI-Projektes sich erst wesentlich später auswirken und die anfängliche Abwicklung mit nur einem Partner zunächst zusätzliche Kosten verursacht. Allerdings sollte auch berücksichtigt werden, daß die Erfahrungen eines Pilotprojektes für später hinzukommende Geschäftspartner und Anwendungen großen Nutzen bringen. Die Investitionen in das EDI-Projekt können sehr langfristig wirken und vor allem bei der späteren Ausweitung der EDI-Aktivitäten Kosten einsparen.[3] In der Branche der Heizkostenverteilung sind Erfahrungen auf der Lieferantenseite wichtig, um später bei der Heizkostenabrechnung auf der Kundenseite von diesen Erfahrungen profitieren zu können. Um für die Geschäftsleitung eine Kostenprognose abgeben zu können, sind folgende Investitionen zu berücksichtigen:

---

[1] Vgl. Picot A., Neuburger R., Niggl J., Tendenzen für Entwicklungen von EDI, in: Management & Computer, Heft 3, 1. Jg 1993, S. 185f.

[2] Vgl. Deutsch, Markus, Unternehmenserfolg mit EDI, a.a.O., S. 176

[3] Vgl. Keys, John, a.a.O., S. 63

- Anschaffungskosten

In den meisten Fällen wird die bestehende Hardware mehr oder weniger ausreichen, da bestehende Rechner genutzt werden können. Nur wenn das EDI-System auf einem separaten PC installiert werden soll, muß dieser natürlich angeschafft werden. Lediglich die Gerätekosten für die Datenfernübertragung fallen an (Steckkarte oder Modem).

Die Kosten der Software richten sich nach dem Umfang der enthaltenen Funktionen. Sie variieren, je nach dem ob man lediglich einen Formatumsetzer oder ein komplettes EDI-System mit zusätzlichen, unterstützenden Elementen installiert. Wenn das Unternehmen nicht über großes Know-how in diesem Bereich verfügt, sollte eine entsprechend teure Komplettlösung eingeplant werden. Hier können die größten Kosten entstehen.

- Beratungskosten

Der Anteil einer neutralen, externen Beratung am Projekt ist für die Höhe dieser Kosten maßgeblich. Interne Mitarbeiter sind günstiger, jedoch können die Ergebnisse sich verschlechtern, wenn auf externe Berater ganz verzichtet wird. Man sollte hier nicht am falschen Ende sparen.

- interne Personalkosten

Nicht nur während der Projektphase werden Personalressourcen gebunden, sondern auch noch für den späteren Betrieb des Nachrichtenaustausches. Bei der Einführung verursachen hauptsächlich Schulungen und Sitzungen die größten Personalkosten, beim späteren Betrieb müssen Mitarbeiter den Ablauf überwachen und sich um Störungen kümmern. Weitere Personalkosten können hinzukommen, wenn man für eine größere Ausbreitung von EDI aktiv bei potentiellen Partnern beratend tätig wird.[1]

- Gebühren

Je nach Übertragungsart (Punkt zu Punkt oder VANS) können die Kosten durchaus stark schwanken. Es entstehen nicht nur Gebühren für die Übertragung selbst, sondern evtl. auch für Übertragungsdienstleister (sog. Mehrwertdienste) und EDI-Vereinigungen. Die Wahl der optimalen Übertragungsart hängt von vielen Faktoren ab (interne und externe Anforderungen) und sollte mit Hilfe von Fachleuten getroffen werden.[2]

---

[1] Vgl. Meyer, Josef, Branchenspezifische EDI-Einführungsbereitschaft, für die Chemische Industrie:, in: EDI 89 Report, Hrsg. dc: deutsche congressgesellschaft starnberg mbH, Starnberg, 1989, S. 81

[2] Vgl. Deutsch, Markus, Unternehmenserfolg mit EDI, a.a.O., S. 88ff.

4.3.3 Rechts- und Sicherheitsfragen

Da Papierdokumente bestimmte traditionelle Bedeutung im Rechtswesen haben und die Anpassungen der rechtlichen Rahmenbedingungen für derart neue Dimensionen wie beim elektronischen Nachrichtenverkehr längere Zeit brauchen, ergeben sich Unsicherheitsfaktoren in diesem Bereich.[1] Ein Vertrag über die EDI-Abwicklung ist aus diesem Grunde besonders wichtig. Um in diesem schwierigen Rechtsbereich keine Probleme zu bekommen, sollte man Rechtsberater zwecks Vertragsprüfung zu Rate ziehen. Es muß beachtet werden, daß die rechtlichen Anforderungen an elektronische Dokumente erfüllt werden.

Die technischen Möglichkeiten sind heute gegeben, um alle Anforderungen wie Teilnehmerauthentizität, Ausstellerauthentizität, Datenintegrität, Vertraulichkeit, Anonymität und öffentliche Nachvollziehbarkeit erfüllen zu können. Hierzu werden sichere (symmetrische und asymmetrische) Verschlüsselungsverfahren, elektronische Unterschriften, Paßwörter und Chipkarten eingesetzt. So wird erreicht, daß die Nachrichten unfälschbar, nachprüfbar (z.B. vor Gericht), vertraulich, anonym und personenbezogen adressierbar werden.[2] Dennoch werden beim beleglosen Rechnungsversand aus Gründen der Steuer- und Bilanzprüfung vom Finanzamt turnusmäßige (z.B. monatliche) Sammelrechnungen verlangt.

Für den Fall, daß die elektronische Übertragung, aus welchem Grund auch immer, ausfällt, müssen Notfallpläne bestehen. Entsprechende Vorsorgemaßnahmen müssen getroffen werden, damit eine Abwicklung mit Papierdokumenten möglich bleibt. Die Notwendigkeit dieser Sicherheitsvorkehrungen kann leicht unterschätzt werden, da bei der Einführung von EDI zunächst ohnehin die bisherige Abwicklung noch durchgeführt werden kann. Erst mit der Zeit wird eine Rückkehr zu Papierdokumenten entweder technisch oder volumenmäßig praktisch immer schwieriger.

Die gesetzlichen Aufbewahrungspflichten der Dokumente müssen erfüllt werden. Eine entsprechende Archivierungsfunktion ist daher einzurichten. Durch den möglichen Zugang von außen zu den internen Daten müssen hier die Datenschutzbestimmungen beachtet werden. Unbefugten Dritten muß der Einblick in interne Informationen verwehrt bleiben.

---

[1] Vgl. Roden, H., EDI-Aktivitäten der EG, in: EDI 89 Report, Hrsg. dc: deutsche congressgesellschaft starnberg mbH, Starnberg, 1989, S. 122ff.

[2] Vgl. Riharczek, K., Sicherheitsfragen bei der EDI-Kommunikation mit Geschäftspartnern, in: EDI 89 Report, Hrsg. dc: deutsche congressgesellschaft starnberg mbH, Starnberg, 1989, S. 148ff.

4.3.4 Geschäftspartner und Mitarbeiter

EDI gewährt dem Geschäftspartner einen tieferen Einblick in die internen Strukturen als dies vielleicht gewünscht ist.[1] Eigene interne Schwächen können so nach außen getragen werden. Die enge elektronische Anbindung kann evtl. zu einer wirtschaftlichen Abhängigkeit führen. Ursache können zu hohe Wechselkosten sein, d.h. die Umstellung auf andere Partner ist mit Abstimmungsproblemen und hohen Kosten verbunden. Die Vorgaben der Standards und der Branchenrichtlinien sollten daher genau eingehalten werden und auf "Sonderlocken" sollte nach Möglichkeit verzichtet werden. Bei der EDI-Einführung mit einem starken Partner sollten auch andere EDI-Interessenten bei Gesprächen mit einbezogen werden.

Für die Mitarbeiter ergeben sich erhebliche Änderungen des gewohnten Arbeitsablaufes. Die Sicherheit, die ihnen die Papierformulare gaben, geht verloren und das zu bewältigende Volumen ist nicht mehr so offensichtlich. Damit die Mitarbeiter diese Änderungen als Chance und nicht als Bedrohung ansehen, muß in diesem sensiblen Bereich besonders aufmerksam und verständnisvoll vorgegangen werden.[2] Frühzeitige Information, Weiterbildungsmaßnahmen und Einbindung in das Projekt sind hier wichtig. Die aktive Mitarbeit des Projektleiters als Mitglied des leitenden Managements ist dabei gefragt. Bei Schwierigkeiten, z.B. wenn die neuen, höheren Anforderungen die Fähigkeiten von Mitarbeitern der Datenerfassung übersteigen, sollten einvernehmliche Lösungen in Zusammenarbeit mit der Personalabteilung gefunden werden.

4.3.5 Durchführungsdetails

In der praktischen Umsetzung tauchen Detailprobleme auf, die zwar gelöst werden können, jedoch nicht unterschätzt werden sollten. Der Teufel steckt eben im Detail. Dies sollte in der Zeitplanung unbedingt berücksichtigt werden. Mögliche Fehler sollten frühzeitig entdeckt werden, damit aus kleinen Unzulänglichkeiten keine größeren Schwierigkeiten mit Zeitverzögerungen entstehen.

Die Umstellung von manuellen auf automatische Tätigkeiten und die Umsetzung von der Inhouse-Struktur in die Standardsprache (das sog. Mapping), sind hierbei problemanfällig.

Die Analyse der Datenstruktur und der Abläufe der bisherigen Papierdokumente muß gründlich und ausführlich genug sein, damit keine Einzelheiten übersehen werden. Oft sind Selbstverständlichkeiten, wie z.B. Ländercodierungen, später Fehlerquellen

---

[1] Vgl. Keys, John, a.a.O., S. 81

[2] Vgl. ebd., S. 60

(Nationale Länderabkürzungen sind anders als die Internationalen der EDI-Sprachen z.B. AU = Österreich und Australien).[1] Auch die Artikelidentifikation und Codierung ist hier zu nennen. Zwischen den Geschäftspartnern können Artikel verschiedene Bezeichnungen und Spezifizierungen haben, oder verschiedene Artikel die gleiche Bezeichnung. Schon eine eigentlich simple Angabe wie die Bestellmenge kann bei Verwendung verschiedener Mengeneinheiten zu Differenzen führen. Man sollte auf freie Texte möglichst verzichten, um manuelle Eingriffe zu vermeiden. Die Nachrichtenstruktur und Datenfelder müssen ausreichend sein, um alle nötigen Informationen unterzubringen.[2]

4.4 Durchführung

4.4.1 Abstimmung mit dem Testpartner

Die enge Zusammenarbeit mit dem ausgewählten Geschäftspartner ist eine elementare Voraussetzung für das EDI-Projekt. Schließlich ist ohne einen geeigneten Kommunikationspartner kein Nachrichtenaustausch möglich. Nachdem man sich bereits auf die grundlegende Bereitwilligkeit einer EDI-Einführung geeinigt hat, sollte man nun ein erstes Treffen vereinbaren. Hierauf sollten sich beide Seiten gründlich vorbereiten, sich auf den gleichen Informationsstand bringen und schon vorab einige Punkte besprechen. Es sollten also bereits vor dem Treffen Themen wie mögliche Nachrichtentypen, grober Zeitablauf usw. behandelt werden. So wird es möglich, bei der Zusammenkunft Entscheidungen über den Übertragungsweg, den Standard und genauere Zeitabläufe zu treffen. Auch über Inhalte des EDI-Vertrages sollte bereits gesprochen werden. Gemeinsame Vorgehensweisen, z.B. gegenüber EDI-Dienstleistern, können abgestimmt werden. Auf diese Weise sind danach die Weichen gestellt, um die praktische Umsetzung zu starten.

4.4.2 Auswahl der EDV-Komponenten

Bei der Software- und Systemauswahl kann man heute auf Standards zurückgreifen. Die Umsetzung der internen Datenstruktur in die zu versendende/empfangende Standardstruktur ist neben der eigentlichen Übertragung ein Kernpunkt der EDV-technischen EDI-Problematik. Glücklicherweise gibt es inzwischen ein umfangreiches Angebot an Softwarelösungen, die meist sogar einen größeren Teil der EDI-Abläufe unterstützen. Von den Herstellern werden schon EDI-Systeme angeboten, die den gesamten Bereich

---

[1] Vgl. Keys, John, a.a.O., S. 61

[2] Vgl. Schweichler Norbert, Schnittstelle und Kommunikation - ist das schon alles ?, in EDI 90 Report, Hrsg. EWI Ges. f. Europäische Wirtschaftsinformation mbH, Starnberg, 1990, S. 328ff.

weitgehend abdecken. Diese Systeme werden entweder als eigenständige Programme angeboten oder die neuen Anwendungen werden in die bestehenden EDV-Masken integriert. Dies ist besonders dann möglich, wenn bei neuerer Software bereits bei der Installation an Optionen für die EDI-Fähigkeit gedacht wurde und daher schon entsprechende Schnittstellen existieren. Bei der Hardware können ebenfalls die bestehenden Rechner genutzt werden oder EDI läuft auf einem eigenen PC und wird mit dem Hauptsystem vernetzt. Die Auswahl eines solchen EDI-Komplettsystems muß gründlich auf alle relevanten Aspekte der gesamten EDI-Abwicklung abgewogen werden. Zum einen sind die Anforderungen an die einzelnen Komponenten des Systems zu berücksichtigen, wie Zeitsteuerung, Protokollierung, Archivierung, Weiterverarbeitbarkeit usw. . Zum anderen spielen Systemanforderungen wie Sicherheit, Bedienbarkeit, Wartung sowie die Kosten, um nur einige Punkte zu nennen, eine wichtige Rolle.[1]

Bei der Auswahl des Übertragungsweges gilt es die richtige Entscheidung zwischen externen und internen Anforderungen zu treffen. Evtl. müssen auch mehrere Übertragungswege realisiert werden. Von außen sind als erstes die Wünsche des Projektpartners zu berücksichtigen, hier muß in jedem Fall eine Lösung gefunden werden. Sind beide Partner noch für alle oder mehrere Möglichkeiten offen, kann die Situation potentieller EDI-Partner oder der Branche allgemein berücksichtigt werden. Interne Anforderungen sind unbedingt ebenfalls zu überprüfen. Hierzu gehören bereits bestehende Übertragungswege, z.B. aus der Buchhaltung mit Banken, mit den Außenstellen oder bei der Heizkostenabrechnung. Desweiteren sind Realisierungsmöglichkeiten im EDV-System zu berücksichtigen und natürlich die Kosten, insbesondere die laufenden Kosten.[2]

Wie bei der Übertragungsart, kommt es auch bei der Auswahl des Standards zunächst auf die bestehende Situation in der Branche an. Gemeinsam mit dem Partner sollten alle Informationen über verwendete Standards im näheren und weiteren Umfeld gesammelt werden, um zur Entscheidungsfindung beizutragen. Es kann sein, daß ein branchenspezifischer Standard weit verbreitet ist, andererseits aber ein zukunftsorientierter, unabhängiger EDIFACT-Standard existiert, der dafür bisher nur von wenigen Unternehmen verwendet wird. Es kommt hier ganz auf die Situation der Branche an. Wird bereits vielfach mit einem EDIFACT-Subset gearbeitet, fällt die Entscheidung leicht. Evtl. muß man später jedoch auch noch andere Standards hinzunehmen, um die gewünschte Anzahl an EDI-Partnern erreichen zu können. Da es sich bei den Anwendungen Bestellung / Rechnung um die am häufigsten verwendeten EDI-Nachrichten handelt, wird man heute

---

[1] Vgl. Deutsch, Markus, Unternehmenserfolg mit EDI, a.a.O., S. 132ff.

[2] Vgl. ebd., S. 143ff.

sicherlich EDIFACT-Standards antreffen. Wegen der komplexen Strukturen von EDIFACT, wird man aus praktischen Gründen nicht an EDIFACT-Subsets vorbeikommen.[1] Eine EDIFACT-Nachricht läßt sich zwar bei der Übertragung noch auf die benötigten Inhalte komprimieren, doch liegt daß Problem auch in der vielfältigen Interpretierbarkeit der einzelnen Segmente und Elemente. Deshalb haben viele Branchen EDI-Subsets entwickelt, bei denen auf bestimmte Teile verzichtet wird und die Wiederholungsmöglichkeiten eingeschränkt werden. So reduziert sich auch die Pflege und Bearbeitung des Standards auf tatsächlich benötigte Teile. Bei einer späteren Ausdehnung auf weitere EDI-Partner, wird es jedoch wesentlich leichter sein mit mehreren Subsets zu arbeiten oder diese zu erweitern, als dies mit mehreren, uneinheitlichen Branchenstandards der Fall wäre.[2]

4.4.3 EDI-Vertrag

Die Einführung des elektronischen Geschäftsverkehrs erfordert den Abschluß einer EDI-Rahmenvereinbarung mit dem jeweiligen Partner. Neben allgemeinen Vertragsklauseln, wie Gerichtsstand u.ä., sind folgende Punkte hier wichtig: Verwendeter Standard, verwendete Nachrichtenarten, Art der Übertragung, Regelung der Verfügbarkeit der EDV-Anlagen, Dauer, Kündigungsfristen, Vertraulichkeit, Datenschutz, Archivierung, Sicherung, Vorgehensweise bei Änderungen, Aufführung der Ansprechpartner, Kosten, Verantwortlichkeit, Haftung, Fehlerbehandlung, Krisenmanagement und Gültigkeit der AGB`s.

Inzwischen kann man bereits auf einige Musterverträge zurückgreifen, die die Vertragsgestaltung vereinfachen. Dennoch sollte die Wichtigkeit einer solchen Vereinbarung nicht unterschätzt werden. Die Ausgestaltung sollte sorgfältig erfolgen, damit eine eindeutige Auslegung der Inhalte und Begriffe möglich ist.[3] Die Verhandlungen können viel Zeit in Anspruch nehmen. Damit der Vertrag nicht möglicherweise das gesamte Projekt verzögert, sollte man diesen Punkt frühzeitig und intensiv angehen. Der Wille zur Einigung ist hierbei die wichtigste Voraussetzung.

Die schwierigsten und wichtigsten Punkte werden nachfolgend näher erläutert:

- Verwendeter Standard: Um bei diesem elementaren Punkt keine Verständnis- und Auslegungsprobleme zu bekommen wird der Standard genau abgegrenzt. Bei einem

---

[1] Vgl. Schulte, Karl, Branchenspezifische EDI-Einführungsbereitschaft für die Konsumgüterwirtschaft, in: EDI 89 Report, Hrsg. dc: deutsche congressgesellschaft starnberg mbH, Starnberg, 1989, S. 100f.

[2] Vgl. Deutsch, Markus, Electronic Data Interchanche setzt sich durch, a.a.O., S. 120f.

[3] Vgl. Deutsch, Markus, Unternehmenserfolg mit EDI, a.a.O., S. 117f.

EDIFACT-Subset werden die folgenden Einzelheiten als Anhang Bestandteil des Vertrages: Version, Verzeichnis der verwendeten Segmente und Definition der verwendeten Qualifier

- Fehlerbehandlung: Aus der Regelung des Überganges der Rechte und Pflichten ergibt sich auch, wer wann für die Übertragung und Netzwerke verantwortlich ist und somit bei Störungen haftet. Unabhängig davon muß man die Verfahrensweise klären, die bei auftretenden Fehlern angewendet werden soll. Aus rechtlichen Gründen darf der Empfänger keine Nachrichten verändern, also auch nicht korrigieren. Bei EDI ist die Übertragung verhältnismäßig sicher und das Datenvolumen groß. Deshalb soll zur Fehlererkennung vereinbart werden, was und auf welche Art, z.b. Anzahl der Stichproben, zu prüfen ist. Doch kein System ist perfekt, daher müssen Ausfallpläne vereinbart werden. Im Ernstfall muß man kurzfristig auch ohne das Übertragungssystem auskommen. Bei erforderlichen Rückmeldungen ist ein Zeitraum zu vereinbaren, z.b. für Empfangs- oder Auftragsbestätigungen.

- Archivierung und Sicherung: Die gesetzlichen Aufbewahrungsfristen müssen nach wie vor eingehalten werden. Die Originale der empfangenen Dateien sind entsprechend zu speichern und gegen Verlust oder Veränderung zu sichern.

- Kosten: Die Gestaltung der Kostenaufteilung für die Übertragung ist beliebig, üblicherweise trägt der jeweilige Sender die Kosten.

- Vereinbarung über die Gültigkeit von Einkaufs- und Verkaufsbedingungen: Da bei Papierbelegen die AGB`s auf der Rückseite abgedruckt sind, fällt die bisherige Verfahrensweise, Kunde bestellt zu seinen Einkaufsbedingungen - Lieferant bestätigt zu seinen Verkaufsbedingungen usw. (AGB`s Ping Pong), aus. Das Problem liegt darin, daß AGB`s bei EDI nicht mit jeder Nachricht übermittelt werden können. Eine Einigung ist auch hier nicht schwierig, schließlich bestehen ja schon Geschäftsbeziehungen, doch die Beteiligten tun sich oft in dieser Frage schwer.[1]

4.4.4 Konvertierung/Nachrichtenmapping

Im späteren Betrieb müssen die Nachrichten schnell und reibungslos zwischen EDI-Standard und Inhouse-Struktur übersetzt werden können. Dies übernimmt die Konvertierungssoftware. Folglich muß zuvor einmalig die genaue Identifizierung und Zuordnung

---

[1] Vgl. Gebker, Jürgen, Stufenweise Einführung des elektronischen Datenaustausches: Phasen der Integration, in: EDI 89 Report, Hrsg. dc: deutsche congressgesellschaft starnberg mbH, Starnberg, 1989, S. 285f.

zwischen den Daten erfolgen, das sog. Mapping. Dies ist die Kernaufgabe des EDI-Projektes und erfordert ausgiebige Detailarbeiten. Bei der Konvertierung muß z.b. das Bestelldatum einer eingehenden Nachricht der richtigen Position im Anwendungsprogramm zugeordnet werden und richtig übersetzt werden, z.B. beim Lieferdatum von MM.TT.JJ (EDIFACT) in TT.MM.JJ (Inhouse). Bei der logischen Interpretation der internen Daten ist die Einbeziehung der Anwender wichtig, damit alle relevanten Felder den richtigen Elementen des Standards zugeordnet werden. Die technische Umsetzung wird von den Konverteranbietern mittels Zuordnungstabellen realisiert.

Hierbei ist das Potential kleiner und großer Problemfälle enorm. Jede kleinste Einzelheit muß bearbeitet werden und Zuordnungs- sowie Interpretationsschwierigkeiten müssen ausgeräumt werden. Klärungsbedarf kann entstehen bezüglich Struktur, Feldlängen, nicht verwendeter Felder, Interpretation der Felder, Mehrfachzuordnungen, Codes und Qualifier. Man sollte sich im klaren sein, daß es hierbei keine Patentlösungen gibt, auch wenn Softwareanbieter ein schöneres Bild malen. Das Mapping wird bestmöglich durchgeführt, den Rest muß der Testbetrieb ausbügeln.

4.4.5 Von der Testphase bis zum Echtdatenaustausch

Das neue EDI-System muß nun schrittweise getestet werden. Die Testdaten werden analysiert und Fehler werden behoben. Bevor man jedoch den Geschäftspartner zum Testdatenaustausch auffordert, prüft man so weit wie möglich das eigene System durch simulierte Nachrichten. So verhindert man, daß man bei den ersten Versuchen gegenüber dem Partner allzu schlecht aussieht, vor allem aber spart dies Zeit. Wenn der Sendebetrieb nun aufgenommen werden kann, testet man zunächst nur die reine Übertragungstechnik. Danach folgt die schrittweise Erweiterung bis zum kompletten Ablauf. Die Testdaten können auf verschiedene Weise erzeugt werden. Zu Beginn erstellt man manuelle Dateien, die kleiner sind als echte. So können Fehler leichter erkannt und behoben werden, außerdem ist die Übertragung und Konvertierung schneller. Die Bearbeitung der Testdaten wird erleichtert, indem sie gleichzeitig auch als Papierdokument vorliegen. Als nächstes werden die Tests in einer möglichst wirklichkeitsnahen Form durchgeführt. Hierzu sollte eine spezielle Testumgebung geschaffen werden, da Tests auch noch bei späteren Erweiterungen nötig sind. Es folgt nun ein reger Datenaustausch, bei dem der jeweilige Empfänger dem Versender sofort auftretende Fehler mitteilt, dieser eine entsprechende Korrektur vornimmt und erneut sendet. Die Tests werden nun auch auf interne Abläufe ausgedehnt, so daß bereits die vollständige Anwendung simuliert wird. Die rechtzeitige Einarbeitung der Fachabteilungen wird so gewährleistet. Die Testnachrichten müssen nun noch zu den im Echtbetrieb auftretenden Zeiten und Mengen erfolgen, um auch die Kapazitäten überprüfen zu können. Erst wenn EDI in einem bestimmten Zeitabschnitt fehlerfrei läuft, kann mit dem Parallelbetrieb begonnen werden. Der parallele Datenaustausch erfolgt in zwei Schritten: Elektronische Nachrichten parallel zu den maßgeblichen Papierdokumenten und danach umgekehrt Papier parallel zur Elektronik. Der Unterschied liegt darin, welche Nachrichten in die Anwendungen übernommen werden. Während im ersten Schritt die Papierdokumente noch nach wie vor ins EDV-System eingegeben werden, dienen sie im zweiten Schritt nur noch der Kontrolle. Bei Differenzen sind jedoch ausschließlich noch die Papierdaten Grundlage der Geschäftsbeziehung. Die Kontrolle, d.h. ein permanenter Abgleich zwischen Papierdokumenten und elektronischen Nachrichten, ist die Hauptaufgabe des Parallelbetriebes. Nur so können jegliche Fehler erkannt werden, die im Echtbetrieb größte Schwierigkeiten auslösen könnten. Deshalb muß der Paralleldatenaustausch auch auf Situationen ausgedehnt werden, die zufällig nicht in dieser Zeit auftreten. Hiermit sind zum einen seltene Fälle, wie z.b. Sonderausführungen oder einzelne Großaufträge, gemeint. Zum anderen müssen saisonbedingte Anforderungen getestet werden, auch wenn sie nicht in die Zeit des Parallelbetriebes fallen. Beim Vertrieb von Wasser- und Wärmezählern z.B. fällt die Hochsaison entsprechend der Heizungsbranche in die Zeit vor und zu Beginn der Heizperiode, d.h. ca. von September bis November. Außerdem stehen jedes Jahr zum Jahreswechsel größere Rück- und Auslieferungen an, weil die Geräte eichpflichtig sind und nur mit aktuellem Eichjahr verkauft werden.

Bevor das große Ziel des tatsächlichen elektronischen Nachrichtenverkehrs erreicht ist, sind noch einige Voraussetzungen zu erfüllen.

Die wichtigste Bedingung ist eine stabile Testsituation, d.h. es dürfen über längere Zeiträume von Wochen bis Monaten keine Fehler mehr auftreten. Alle Sondersituationen müssen praktikabel sein, die Maßnahmen bei Störungen müssen exakt feststehen und selbstverständlich muß der Vertrag unterzeichnet sein. Wichtig ist, daß die betroffenen Mitarbeiter schon während des gesamten Projektes entsprechend informiert und bereits während der parallelen Phase eingewiesen wurden. Jetzt ist der Zeitpunkt gekommen, den Termin für den Echtbetrieb im großen Rahmen bekannt zu geben. Dieser Termin sollte sorgfältig geplant werden und erst bei Erfüllung aller Voraussetzungen festgelegt werden. Bei entsprechender Vorbereitung steht dann einer erfolgreichen und nützlichen EDI-Anwendung nichts mehr im Wege.[1]

---

[1] Vgl. Deutsch, Markus, Unternehmenserfolg mit EDI, a.a.O., S. 154ff.

4.5 Auswirkungen auf das Unternehmen und seine Beziehung mit den Geschäftspartnern

4.5.1 Die interne Situation

4.5.1.1 Bestehende Abläufe

Die durch EDI implizierten grundlegenden Änderungen der Geschäftsvorgänge und organisatorischen Abläufe haben weitreichende Auswirkungen auf die täglichen Arbeitsgänge. Interne Abläufe werden optimiert, überflüssige Tätigkeiten können gestrichen werden und die zeitraubende und aufwendige Verteilung, Sortierung und Ablage der Papierdokumente wird wesentlich vereinfacht.[1] Die Geschwindigkeit der geschäftlichen Vorgänge erhöht sich in puncto Informationsfluß, Warenfluß und Geldfluß. Auswirkungen auf den Organisationsablauf, die Unternehmensstruktur und auch die Geschäftspolitik zieht dies nach sich.[2]

Die Rationalisierung herkömmlicher Arbeitsvorgänge hat für die Mitarbeiter eine große Umstellung zur Folge. Qualifizierungsmaßnahmen und/oder die Eingliederung in neue Positionen werden erforderlich. Da routinemäßige Eingabearbeiten entfallen, können sich die Sachbearbeiter nun hochwertigen Aufgaben zuwenden. Administrative Arbeiten entwickeln sich durch EDI zu operativen Aufgaben.[3] Ein elektronischer Datenaustausch erfordert auch eine höhere Qualität der Nachrichteninhalte. Für die Mitarbeiter bedeutet dies diszipliniertere und präzisere Angaben zu machen, z.B. bei Produkt- und Adresseingaben. Manchem Sachbearbeiter kann dies sehr schwer fallen, doch hier werden auch aus anderen Bereichen, wie Qualitätssicherung, bereits Umstellungen der Arbeitsweise gefordert.

Auch aus rechtlichen Gesichtspunkten müssen organisatorische Anpassungsmaßnahmen vorgenommen werden. So ändern sich zum Beispiel die Anforderungen der Archivierung und Rechnungsprüfung. Trotz der elektronischen Nachrichten müssen Sammelrechnungen auf Papier, gemäß den steuerrechtlichen Bestimmungen, turnusmäßig erstellt werden.[4]

---

[1] Vgl. Deutsch, Markus, Unternehmenserfolg mit EDI, a.a.O., S. 106ff.

[2] Vgl. Thomas H.-E., Strategische und organisatorische Aspekte von EDI,a.a.O., S. 55

[3] Vgl. o.V., Mit EDI gehen keine Daten baden, in: IBM Nachrichten 44, Heft 316, 1994, S.50

[4] Vgl. Picot A., Neuburger R., Niggl J.,Ökonomische Perspektiven ..., a.a.O., S. 27

4.5.1.2 Neue Strategien

Zahlreiche Vorteile erwachsen aus den Möglichkeiten, völlig neue Wege in bestimmten Bereichen gehen zu können. Hierbei sind insbesondere neue Logistikkonzepte und Informationsflüsse gemeint.[1] Die Informationsmöglichkeiten werden durch externe Nachrichten vergrößert und vor allem beschleunigt. Schnellere und bessere Information bedeutet für das Unternehmen schnellere und bessere Entscheidungen. Qualitätsverbesserungen und Wettbewerbsvorteile sind die Folge. EDI selbst kann als verkaufsförderndes Argument beim Kunden verwendet werden und als Bewertungskriterium bei Lieferanten zur weiteren Ausbreitung beitragen. Da auch die Abläufe verbessert und beschleunigt werden, kann man nun auch strategische Ziele verwirklichen, die zuvor noch nicht erreichbar waren, z.b. Produkterweiterungen / -veränderungen, bessere Lieferzeitzusagen oder Preissenkungen.

4.5.2 Die externen Beziehungen

4.5.2.1 Bestehende Abläufe

In der Art der Geschäftsbeziehungen mit den Partnern ist der Kernpunkt von EDI zu sehen. Es entstehen in diesem Bereich erstmals Berührungspunkte bei der Nachrichtenübermittlung, die zuvor überhaupt nicht existierten. Während es vorher Postausgangs- und eingangsabteilungen gab, arbeiten nun auf beiden Seiten EDV-Fachleute zusammen, die gemeinsam in mühevoller Kleinarbeit den elektronischen Datenaustausch realisiert haben. Es besteht im wahrsten Sinne des Wortes ein „heißer Draht" zwischen den Geschäftspartnern. Technische Probleme tauchen hier genauso wie in jedem anderen Bereich auf, doch sie sind in der Regel nicht gravierend und können behoben werden. Die Voraussetzungen für eine echte Kooperation zwischen den EDI-Technikern sind gegeben. Aber auch in anderen Bereichen ist eine bessere Zusammenarbeit zu erwarten, weil mehr Kenntnisse über die internen Strukturen des Geschäftspartners auch bessere Verständigungsmöglchkeiten untereinander bewirken.

4.5.2.2 Neue Strategien

Die elektronische Vernetzung ermöglicht in besonderem Maße, die grundlegende Aufgabenverteilung zwischen den Geschäftspartnern umzugestalten, und die Zusammenarbeit zu verstärken. Externe Abläufe können völlig neu gestaltet werden. Durch die Verkürzung der Informationswege eröffnen sich Möglichkeiten ganz anderer Formen der

---

[1] Vgl. Picot A., Neuburger R., Niggl J.,Ökonomische Perspektiven ..., a.a.O., S. 27

Zusammenarbeit. Desweiteren können sich die Geschäftsbeziehungen nachhaltig festigen und intensivieren.[1] Schlagworte wie Funktionsauslagerung (Outsourcing), zusätzliche Dienstleistungen, kollektive Unternehmensstrategien, strategische Partnerschaften, Netzwerkunternehmen, elektronische Hierarchien, Informationsbörsen, etc. verdeutlichen das weite Spektrum der Möglichkeiten.

Einige einfache Erweiterungen der Zusammenarbeit sind zunächst zusätzliche Dienstleistungen wie die Stammdatenverwaltung oder Informationsdienste. Weitere Funktionsauslagerungen, z.b. aus Rand- oder Spezialgebieten, werden ermöglicht, so daß man sich mehr auf die Kernaufgaben des eigenen Betriebes konzentrieren kann,. Geht die Aufgabenteilung noch weiter und entstehen Wechselwirkungen, so handelt es sich bereits um vernetzte Strukturen. Im Bereich Logistik liegen hier die größten Anwendungspotentiale, z.B. Lieferung direkt an die Niederlassungen oder Kunden. Bei zeitlich begrenzter enger Zusammenarbeit zur Verbesserung der Wettbewerbssituation, z.B. auf dem Gebiet Forschung und Entwicklung, spricht man von strategischen Partnerschaften. Werden derart enge Kommunikations- und Funktionsverbindungen geschaffen, entstehen „elektronische Hierarchien" zwischen den Partnerunternehmen (meist kleinere Zulieferer oder Händler mit großen Partnern). In größeren Gruppen können neue Formen der Informationsgewinnung entstehen, die allen Vorteile bringen, z.B. Frachtbörsen oder Leerfahrtenbörsen. All diese neuartigen zwischenbetrieblichen Kooperationsformen werden erst durch die Nutzung des vielfältigen elektronischen Informationsaustausches bei EDI ermöglicht.[2]

---

[1] Vgl. Deutsch, Markus, Unternehmenserfolg mit EDI, a.a.O., S. 106ff.

[2] Vgl. Picot A., Neuburger R., Niggl J., Ökonomische Perspektiven ..., a.a.O., S. 26f.

Vollständiger elektronischer Datenaustausch

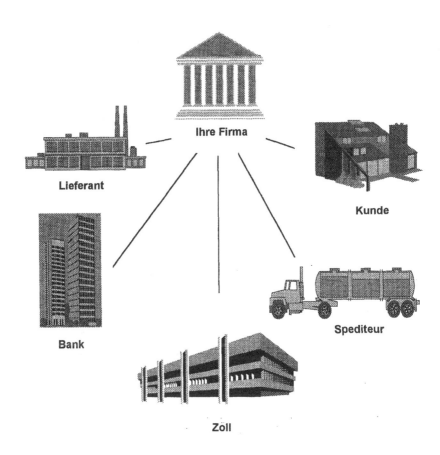

Abbildung 8: Vollständiger elektronischer Datenaustausch

Quelle: Thomas, Herbert E., EDI in einem Europa ohne Handelsschranken, in: EDI 90, a.a.o., S. 168

5 Zusammenfassung und Ausblick

Auch in der Heizkostenverteilungsbranche ist EDI/EDIFACT eine zukunftsträchtige Technologie mit großen Nutzenpotentialen. Man spricht von der Schlüsseltechnologie der 90er Jahre.[1] In bezug auf mögliche EDI-Anwendungen stellt sich die Situation der Heizkostenverteilungsbranche als Dienstleister, dessen Produkt (Heizkostenabrechnung) gleichzeitig auch die zu versendende Nachricht ist, eher schwierig dar. Gründe hierfür sind komplexe Nachrichtenstrukturen auf einem schwierigen Spezialgebiet, geringes Nachrichtenvolumen (einmal jährlich) und breites Kundenspektrum (vom Privatmann bis zum Großkonzern). Die Branche verfügt allerdings noch über ein zweites Standbein als Gerätelieferant, bei dem es ein konventionelles Nachrichtenaufkommen mit der Zulieferindustrie gibt. Dieser Bereich bietet alle Voraussetzungen für eine EDI-Einführung auf Basis des EDIFACT-Standards. Die Heizkostenverteilungsbranche verfügt bereits über eine EDI-ähnliche Anwendung durch den Standarddatenaustausch der ARGE. Eine Umstellung auf EDIFACT erscheint hierbei zwar problematisch aber möglich, wobei große Vorteile entstehen können, insbesondere aus internationaler Sicht in bezug auf die großen Wachstumsmärkte im Osten sowie der EU. Das Einführungsbeispiel mit Zulieferern zeigt, wie ein EDI-Projekt realisiert werden kann und welche großen Auswirkungen sich hierbei für das Unternehmen ergeben. Durch Integration der elektronischen Nachrichten wirkt sich EDI auf die gesamte Organisation des Unternehmens aus und verändert die Art der Geschäftsbeziehungen mit den Partnern.

Zentrales Ergebnis der Untersuchung ist, daß obwohl es bereits einen elektronischen Datenaustausch bei der Heizkostenabrechnung gibt, zunächst erste EDI/EDIFACT-Erfahrungen mit bereits verbreiteten Nachrichtentypen wie Bestellung und Rechnung gesammelt werden sollten. Die spezielle Situation der Branche als Dienstleister und Gerätelieferant ermöglicht diese Vorgehensweise, im Gegensatz zu anderen Dienstleistungsbranchen z.B. im Bank- oder Versicherungswesen.

EDIFACT kann kein fertiges Produkt sein, sondern es handelt sich um eine Nachrichtenarchitektur. Daher kann es keine Standardlösungen bei der Einführung geben, sondern nur mögliche Verfahren zur Verwirklichung.[2] Die Entwicklung von EDI zeigt, daß mittelfristig keine Branche am elektronischen Nachrichtenaustausch vorbeikommen wird,

---

[1] Vgl. Jonas, Christoph, a.a.O., S. 233

[2] Vgl. Groß, Claus, EDI-Einführung im Unternehmen, Make or Buy? - Standardlösungen ohne individuelle Anpassung gibt es nicht, in: EDI 90 Report, Hrsg. EWI Ges. f. Europäische Wirtschaftsinformation mbH, Starnberg, 1990, S. 82

auch nicht die Branche der Heizkostenverteilung. Es stellt sich die Frage, wann der richtige Zeitpunkt für den Einstieg gekommen ist. Dabei kommt es darauf an, ob man strategische Potentiale nutzen will oder ob man so lange wartet, wie man es sich noch leisten kann. Sieht man die großen Nutzenpotentiale und die Chancen auf internationale Wettbewerbsvorteile, so ist jetzt der richtige Zeitpunkt für EDI/EDIFACT gekommen. Doch die tiefgreifenden Anpassungsmaßnahmen der Unternehmen, die hierzu notwendig werden und die weitreichenden Auswirkungen auf die Geschäftsbeziehungen, lassen sich nur schwer vorausplanen und sind auch mit Risiken behaftet. EDI wird hierbei das Management mehr fordern als die technische Implementierung[1]

Wenn EDV-Systeme und Abläufe intern optimiert sind, fehlt ohne EDI die computergerechte externe Kommunikation. Die Informationen werden schneller, korrekter und eindeutiger benötigt. Ohne EDI fehlt ein Glied in der Kette der EDV gesteuerten Wirtschaftsabläufe.[2]

Eine mögliche Vorgehensweise für die Einführung von EDI auf Basis des weltweiten EDIFACT-Standards wurde hier aufgezeigt. Die Branche der Heizkostenverteilung hat, wie sicherlich auch andere Branchen von Spezialgebieten, auch konventionelle Anwendungen, die sich für Pilotprojekte am besten eignen. Hier wird man auf Standardangebote der EDI-Anbieter zurückgreifen können und so ohne große Probleme erste Erfahrungen sammeln können. Aber auch gerade auf Gebieten, bei denen es noch keine größere Ausbreitung von EDI gibt, können elektronische Nachrichtensysteme verwirklicht werden. Die Heizkostenabrechnung ist hierfür ein Beispiel. Der bestehende Datenaustausch ist eine ausbaufähige Basis und kann durchaus auf EDIFACT umgestellt werden. Hierdurch kann der nationale und branchenbezogene Standard so umgestellt werden, daß internationale Ausweitungen ermöglicht werden und auch branchenfremde Geschäftspartner EDI nutzen können.

Um das Ziel des offenen Informationsaustausches zu erreichen ist EDIFACT unverzichtbar. Beim elektronischen Datenaustausch spielt die zunehmende Internationalisierung auch bei der Heizkostenabrechnung eine wichtige Rolle. Nur durch die Standardisierung aller EDI-Bausteine wird sichergestellt, daß Investitionen in die offene Kommunikation sicher, flexibel und herstellerunabhängig getätigt werden können. Für die Unternehmen

---

[1] Vgl. Thomas H.-E., Strategische und organisatorische Aspekte von EDI,a.a.O., S. 59

[2] Vgl. Ewe, Bernhard, Zentrales Dispositions- und Kommunikationssystem für mehrere Speditionen zur Warenverteilung und Laufzeitkontrolle mit EDI-Verfahren, in: EDI 89 Report, Hrsg. dc: deutsche congressgesellschaft starnberg mbH, Starnberg, 1989, S. 203

bedeutet dies, daß ohne den Einsatz offener EDI-Standards wie EDIFACT keine Zukunftspotentiale bestehen.[1]

Die Unternehmen können die großen Nutzenpotentiale durch EDI nur dann voll ausschöpfen, wenn sie auch die nötigen Organisationsanpassungen vornehmen. Nur wer in der Lage ist die Unternehmensprozesse den neuen technologischen Kommunikationsmöglichkeiten anzupassen, kann in Zukunft mit Hilfe von EDI erfolgreich sein. Hierzu muß das Management diese Entwicklung erkennen und in die Praxis umsetzen wollen und können.[2]

EDI ist viel mehr als nur ein neues EDV-technisches Verfahren bei der Nachrichtenübertragung und ist nicht nur der Ersatz von Papier durch Elektronik. EDI fordert und fördert die organisatorische Anpassung und Verbesserung der Geschäftsabläufe. Desweiteren bewirkt dies langfristig die Möglichkeit neue unternehmensübergreifende Kooperationsformen zu gestalten.[3] Für die Branche der Heizkostenverteilung bietet sich hier die Chance einen wichtigen Schritt in die Zukunft frühzeitig zu machen und so Wettbewerbsvorteile zu erlangen.

---

[1] Vgl. Christann H.-J., a.a.o., S. 19

[2] Vgl. Sedran Thomas, a.a.O., S. 21

[3] Vgl. Picot A., Neuburger R., Niggl J., Tendenzen für Entwicklungen von EDI, a.a.O., S. 189f.

Heizkostenaufstellung

BRUNATA METRONA

Liegenschaft: PLZ / Ort
99999 MUSTERDORF
Straße
DORFSTR 12-14

Für diese Liegenschaft zuständiger Kundendienst:

Liegenschafts-Nr. **195846/1 A**

[1] Abrechnungszeitraum — vom **1.01.94** [11] bis **31.12.94** [12]

Brennstoff — **OEL IN LITER**
Nur für interne Zwecke

| 45 | 46 | 40 |

BRUNATA Wärmemesser-Ges. Schultheiss GmbH + Co. · Postfach 11 42 · 5030 Hürth

[2] FRANKE WALTER

MUSTERSTR 1

99999 MUSTERSTADT

0753509

Raum für Berichtigung der nebenstehenden Anschrift:

Name, Vorname

Straße

PLZ — Ort

---

[5] **Brennstoffkosten**

	Datum	Menge	Betrag	Endbeträge
Anfangsbestand (Bitte unbedingt mitaddieren)		+ 2.000 [13]	+ 1.040,00 [14]	
Brennstoffbezüge	04.02.94 [15]	+ 5000 [16]	+ 2525,00 [17]	
	16.05.94 [15]	+ 6000 [16]	+ 2880,00 [17]	
	17.11.94 [15]	+ 5500 [16]	+ 2775,00 [17]	
	[15]	+ [16]	+ [17]	
Zwischensumme		[18]	[19]	
Bei Öl / Koks unbedingt vorhandenen Restbestand abziehen		./. 1600 [21]	./. 808,00 [22]	
Summe der Brennstoffkosten		16900 [23]	[24]	▶ 8412,00 [24]

[6] **Weitere Heizungsbetriebskosten** soweit umlagefähig

	Datum	Betrag	
10 STROM FUER HEIZUNG [25]	31.12.94 [26]	+ 229.00 [27]	
30 WARTUNG [25]	11.02.94 [26]	+ 273,00 [27]	
42 IMMISSIONSMESSUNG [25]	25.01.94 [26]	+ 62,50 [27]	
[25]	[26]	+ [27]	
[25]	[26]	+ [27]	
[25]	[26]	+ [27]	
[25]	[26]	+ [27]	
Summe der Heizungsbetriebskosten		[28]	▶ 564,50 [28]

[7] Abzüglich Kosten für — ./. [29]

[8] **Gesamtkosten** — 8 976,50 [30]

Handelt es sich bei dieser Liegenschaft um sozialen, öffentlich geförderten Wohnungsbau X [50] ja   frei finanzierten Wohnungsbau [51] ja   Zutreffendes bitte ankreuzen

[12] **W A R M W A S S E R**

STAND DES KALTWASSERZAEHLERS VOM VORJAHR — CBM — 6088(33)

BITTE GEBEN SIE UNS DEN NEUEN STAND DES KALTWASSER-ZAEHLERS IM ZULAUF ZUM BOILER HIER AN — CBM 6305 ....(34)

DIE MITTLERE WASSERTEMPERATUR BETRAEGT — GRAD C — 60(61)

HEIZWERT (HU) DES VERWENDETEN BRENNSTOFFES IN — KWH — 10,00(62)

ODER — DIE WARMWASSER-AUFBEREITUNGSKOSTEN BETRAGEN — DM ....(32)
(IN FELD 30 -GESAMTKOSTEN- ENTHALTEN)

Achtung! Bitte nur das Original nach Ende der Heizperiode einsenden an: BRUNATA Wärmemesser-Ges. Schultheiss GmbH + Co., 50351 Hürth
Bitte Anlage zur Heizkostenaufstellung nicht vergessen!

Erläuterungen für die Hausverwaltung

Zur Erstellung der Heiz- und Warmwasserkostenabrechnung bedarf es der Mitwirkung der Hausverwaltung bzw. des Eigentümers, die insbesondere auch die gesetzlichen Bestimmungen zu beachten haben (Neubaumietenverordnung 1970 bzw. Heizkostenverordnung, beide in der Fassung vom 19. 01. 1989). Die Aufgabe der Betriebskosten der Heizungsanlage erfolgt mit dem Formblatt „Heizkostenaufstellung", die nutzerbezogenen Daten mit dem Formblatt „Anlage zur Heizkostenaufstellung". Hierzu geben wir Ihnen die folgenden Hinweise:

Formblatt „Heizkostenaufstellung"

1 Abrechnungszeitraum

Über die Ausgaben (Betriebskosten der Heizung) und die Einnahmen (Vorauszahlungen der Nutzer) dieses Zeitraumes ist nach § 4 Miethöhegesetz jährlich abzurechnen. Der Abrechnungszeitraum hat deshalb in der Regel 12 Monate zu erfassen. Meist wird der 01. 01. – 31. 12. gewählt. Bei Erstabrechnungen ab Einbau der Erfassungsgeräte bis 31.12. Erhalten Sie bei leitungsgebundener Versorgung (Gas, Fernwärme) nur eine Jahresrechnung, dann setzen Sie bitte diesen Zeitraum auch als Abrechnungszeitraum ein. Abgesehen von diesem Sonderfall ist jedoch tunlichst die Heizperiodenabrechnung mit Beginn und Ende im Sommer zu wählen, da sonst meßtechnische Probleme auftreten können. Der Abrechnungszeitraum soll jährlich die gleichen 12 Monate erfassen, damit der zuständige Kundendienst entsprechend den Vorjahresdaten die Ableser steuern kann. Ein Nutzerwechsel z. B. darf den Abrechnungszeitraum nicht verändern. Der letzte Tag des Abrechnungszeitraumes muß nicht mit dem Tag unserer Ablesung zusammenfallen. Überschneidungen sind nicht zu vermeiden; insbesondere während der heizfreien Zeit. Tragen Sie bitte unbedingt den Abrechnungs-

Abrechnungszeitraum	vom 11	bis 12
	1.01.94	31.12.94

zeitraum in die Felder (11) und (12) ein oder ändern Sie ggf. unsere Vorgabe. Fehlt Ihre Angabe, setzen wir den 01.01.94 – 31.12.94 ein.

2 Anschriftenfeld

An die ausgeschriebene Anschrift werden die Heizkostenabrechnung und Wärmedienstrechnung versandt. Bitte prüfen Sie unsere Vorgabe, sie sollte insbesondere postalisch richtig sein.

3 Betriebskosten der zentralen Heizungsanlage

Zu den Betriebskosten der Heizungsanlage einschließlich der Abgasanlage gehören die Kosten der verbrauchten Brennstoffe und die Nebenkosten der Heizung (siehe Punkt 5 und 6). Diese Kosten sind mit der vorgeschriebenen Heizkostenabrechnung auf die Nutzer zu verteilen.
Sind nach den Verträgen noch andere Kosten umzulegen, dann hat dieses durch eine weitere Abrechnung zu geschehen. Eine solche „Mietnebenkostenabrechnung" kann Ihnen BRUNATA ebenfalls erstellen.
Die zu verteilenden Kosten müssen innerhalb des Abrechnungszeitraumes angefallen sein. Sie sind in der Abrechnung so auszuweisen, daß die Nutzer die einzelnen Positionen nachvollziehen können, ohne von ihrem Recht auf Einsicht in die Heizungsakte Gebrauch machen zu müssen. Die Rechnungen sind also einzeln aufzuführen. Wir übernehmen Ihre Einzelangaben in die Abrechnung, sofern uns keine anderslautende Anweisung geben.

4 Mehrwertsteuer

Bevor Sie mit dem Eintragen der einzelnen Kosten beginnen, beachten Sie bitte folgenden Hinweis: Oft werden wir gebeten, für gewerbliche Nutzer die Mehrwertsteuer auszuweisen. Dieses darf nur geschehen, wenn Sie bezüglich der Umsätze aus Vermietung oder Verpachtung auf die Steuerbefreiung verzichtet haben. In solch einem Fall tragen Sie bitte alle DM-Beträge netto ein (also ohne die in den Rechnungen enthaltene und von Ihnen bezahlte MwSt.). Zusätzlich müssen Sie uns dann mitteilen, daß die auf die Nutzer entfallenden Nettobeträge mit der gesetzlichen MwSt. (z. Zt. 15 %) zu beaufschlagen sind. Wir können innerhalb einer Liegenschaft allerdings nur einheitlich für alle Nutzer verfahren.

5 Brennstoffkosten

Da nur die verbrauchten Brennstoffe (keinesfalls die noch lagernden) umgelegt werden dürfen, müssen Sie so genau wie möglich abgrenzen. Den Anfangsbestand (= Rest-

bestand aus vorjährigem Abrechnungszeitraum) haben wir Ihnen, sofern hier bekannt, bereits in den Feldern (13) und (14) vorgedruckt. Von Ihnen sind jetzt die Brennstoffbezüge innerhalb des Abrechnungszeitraumes Rechnung für Rechnung einzutragen: Datum (15), Menge (16), Betrag (17).

Datum	Menge	Betrag
	+ 2.000 13	+ 1.040,00 14
04.02.94 15	+ 5000 16	+ 2.525,00 17
16.05.94 15	+ 6000 16	+ 2.880,00 17
17.11.94 15	+ 5500 16	+ 2.775,00 17

Bei Öl- oder Koksheizungen ist der Brennstoffbestand am Ende des Abrechnungszeitraumes festzustellen und ein Brennstoffrest nach dem Preis der letzten Lieferung(en) abzusetzen. Die Erfassung muß durch Sie erfolgen, BRUNATA stellt ihn grundsätzlich nicht fest. Bitte Brennstoffrestmenge (21) und Betrag (22) eintragen.

	18	19
./. 1600 21	./. 808,00 22	
16900 23		24 ▶ 8412,00 24

Bei Bildung der Summen (18), (19) und (23), (24) den Anfangsbestand (13), (14) beachten.
Zusätzlich im Feld „Brennstoff" angeben oder ggf. berichtigen, womit die Liegenschaft beheizt wird: Öl, Erdgas, Stadtgas, Koks etc. oder Fernwärme.

Brennstoff	OEL IN LITER

6 In der Heizkostenabrechnung umzulegende Nebenkosten

Nur die nachstehend genannten Nebenkosten gehören zu den gesetzlichen Heizungsbetriebskosten (§ 7 Abs. 2 HeizkostenV). Sofern sie anfallen, müssen diese nach den Regeln der HeizkostenV verbrauchsabhängig umgelegt werden. Entgegenstehende Vereinbarungen sind ungültig (§ 2 HeizkostenV).
Einzutragen sind: Kostenart (25), z.B. Wartung (aber nicht

Weitere Heizungsbetriebskosten soweit umlagefähig	
10 STROM FUER HEIZUNG	25
30 WARTUNG	25
42 IMMISSIONSMESSUNG	25
	25

Name der ausführenden Firma!), Rechnungsdatum (26) und Betrag (27). Verwenden Sie bitte die aus dem Vorjahr

Datum	Betrag
31.12.94 26	+ 229,00 27
11.02.94 26	+ 273,00 27
25.01.94 26	+ 62,50 27

übernommenen Kostenarten und streichen bzw. ergänzen Sie diese, falls erforderlich. Reicht der Eintragsraum nicht aus, bitte ein formloses Beiblatt benutzen. Nach Aufführen der Nebenkosten bitte Summe bilden und in Feld

	28 ▶ 564,50 28

(28) eintragen. Im einzelnen:

— Kosten des Betriebsstromes
    Hierzu gehören Betriebsstrom für Brenner, Umwälzpumpen, Regelungseinrichtungen, Beleuchtung von Heizraum und Brennstofflagerraum. Im Interesse einer

korrekten Kostenermittlung sind die genannten Einrichtungen über einen separaten Stromzähler zu erfassen. Liegen mehrere Rechnungen über „Stromkosten für Heizung" vor, so können Sie in Feld (27) den insgesamt zu verteilenden Betrag einsetzen. Eine Schätzung durch BRUNATA ist nicht zulässig.

— Bedienungskosten
Im allgemeinen ist davon auszugehen, daß bei vollautomatisch geregelten Heizungsanlagen kein Bedienungsaufwand anfällt, also auch keine umlagefähigen Kosten entstehen. Bei Verwendung fester Brennstoffe können Bedienungskosten jedoch gerechtfertigt sein.

— Wartungskosten
Das sind die Kosten der Überwachung und Pflege der Anlage, wie auch der regelmäßige Prüfung ihrer Betriebsbereitschaft einschließlich der Einstellung durch einen Fachmann. Z.B.: Kosten der Wartungsverträge für die Heizanlage, für Meß- und für Regelgeräte; ebenfalls Kosten, wie für Eichaustausch oder Tankprüfung, die aufgrund von Vorschriften anfallen.
Hierunter fallen aber nicht Kosten für Reparaturen an der Heizungsanlage oder für Sach- und Haftpflichtversicherungen.

— Kosten der Reinigung der Anlage und des Betriebsraumes.
Diese umfassen ebenfalls die Kosten der Kaminreinigung durch den Schornsteinfeger. Zunehmend wird dagegen bestritten, daß auch die Kosten der Öltankreinigung umgelegt werden können.

— Kosten der Immissionsmessung
Die Kosten dieser nach dem Immissionsschutzgesetz vorgeschriebenen Tätigkeit des Schornsteinfegers sind in der Heizkostenabrechnung umlegbar.

— Kosten des BRUNATA-Wärmedienstes
Diese „Kosten der Verwendung einer Ausstattung zur Verbrauchserfassung einschließlich der Kosten der Berechnung und Aufteilung" werden von BRUNATA lt. Preisliste ermittelt und auf die Nutzer mitverteilt. Eine Aufgabe durch Sie entfällt deshalb.

— Kosten der Gerätemiete
Sofern die Kosten für die Anmietung der Erfassungsgeräte für Heizung, Warmwasser und Kaltwasser zu umlagefähigen Betriebskosten wurden, weil die Nutzer seinerzeit der Anmietung nicht mehrheitlich widersprochen haben, sind diese Mietrechnungen (auch von BRUNATA ausgestellte) hier aufzuführen.
Bezüglich der Umlage weiterer Betriebskosten (lt. Anlage 3 zur II. Berechnungsverordnung) verweisen wir auf die BRUNATA-Mietnebenkostenabrechnung (s. Pkt. 3).

7 | Abzüglich Kosten für ...

In (29) sind die Kosten abzusetzen, die nicht von BRUNATA

Abzüglich Kosten für

verteilt werden sollen, wie Bauaustrocknung, Backofen usw.

8 | Gesamtkosten

Bitte bilden Sie in (30) die Summe aus (24), (28) und (29).

Gesamtkosten $8\,976{,}50$ [30]

9 | Betriebskosten der zentralen Warmwasseranlage

Sie setzen sich aus den Kosten der Wassererwärmung und der Wasserversorgung zusammen.

10 | Kosten der Wassererwärmung

Für sie gelten die gleichen Erläuterungen wie zu den Heizkosten (siehe Punkt 5 und 6). In der Regel sind sie in den Gesamtkosten (30) enthalten.
Liegen Ihnen jedoch getrennt Rechnungen für die Heizkosten und die Warmwasserkosten vor, so sind die Rechnungen in (15), (16) und (17) anzugeben, die Warmwasserkosten zusätzlich nochmal in (32).

11 | Kosten der Wasserversorgung

Zu ihnen gehören: die Bezugskosten der gemessenen Menge aufgewärmten Kaltwassers und die Wartungskosten einer Wasseraufbereitungsanlage incl. der Kosten der Aufbereitungsstoffe. Allerdings sind sie in diese Abrechnung nur dann aufzunehmen, wenn eine gesonderte Umlage nicht, wie üblich, vereinbart wird.
Nicht umlagefähig sind hier die Kosten der Entsorgung (Kanalgebühren).

12 | Abtrennung der Warmwasserkosten

Wird das Nutzwasser über die zentrale Heizungsanlage erwärmt (Verbundene Anlage), schreibt die HeizkostenV vor, wie diese Kosten von den Kosten für die Raumwärme zu trennen sind. Hierfür ist die Erfassung (in cbm) entweder der Warmwassermenge durch Warmwasserzähler pro Nutzeinheit oder der zur Erwärmung strömenden Kaltwassermenge durch einen Kaltwasserzähler vor dem Boiler erforderlich. Können Sie diese Wassermenge bisher nicht messen, dann müssen Sie unverzüglich einen Kaltwasserzähler in den Frischwasserlauf zum Boiler setzen. Veranlassen Sie daher Ihren Installateur, sich von BRUNATA Wasserzähler anbieten zu lassen. Solange die Messung nicht möglich ist, dürfen 18 % der einheitlich entstandenen Heizungsbetriebskosten für die Wassererwärmung angesetzt werden. Wird jedoch die Nutzwassermenge erfaßt, erfragen wir in der „Heizkostenaufstellung" zusätzlich noch den mittlere Aufwärmetemperatur des Wassers (t_w) und den Heizwert des Brennstoffs (H_u). Ohne Ihre Angabe hierzu setzen wir in die Formeln des § 9 HeizkostenV t_w mit 60 °C und H_u mit dem dort aufgeführten Brennstoffwert ein.

Auszug aus unserer Wärmedienst-Preisliste gültig ab 01. 04. 1994

I. Wärmedienst	DM
Kosten pro Liegenschaft	
Grundpreis	34,20
Auflisten der Rechnungsdaten	11,00
Anteilige Porto- und Versandkosten	11,20
Anteilige Fahrtkosten	16,50
Kosten pro Nutzer	
Grundpreis	3,70
Auflisten der Rechnungsdaten	1,50
Nutzergruppentrennung pro Nutzergruppe	62,75
Kosten pro Gerät	
Wärmedienst pro Heizkostenverteiler	4,60
(Mindestpreis DM 70,90)	
Zusätzl. für OPTRONIC: Beweissicherung	0,20
Zusätzl. für HKV/E, Typ M1, M1 F, 110: Batteriewechsel	2,65
Batteriekostenanteil HKV/E, Typ TELMETRIC	1,90
Prüfwartung	1,95
Systemwartung	0,85
Wärmedienst pro Wasserzähler oder Warmwasserkostenverteiler	7,35
Wärmedienst pro Wärmezähler je Nutzeinheit	15,10
(Mindestpreis DM 70,90)	

II. Einmalige Einrichtungskosten	DM
Datenaufnahme in den Wärmedienstbestand pro Gerät	1,45
Erstellen des Grunddatenblattes	
pro Liegenschaft	47,50
pro Nutzeinheit	5,30
Standard-Datenaustausch pro Liegenschaft	90,00

III. Sonderleistungen	DM
Kostentrennung Heizung/Warmwasser	
bei verbundenen Anlagen pro Liegenschaft	7,35
Pauschale Abrechnung von Heiz- oder	
Warmwasserkosten pro Nutzer	7,25
Kostenaufteilung pro Nutzer	22,00
Zwischenablesung durch BRUNATA pro Gerät	4,60
(Mindestpreis DM 35,50) zzgl. Fahrtkosten	
Nachablesung oder Schätzung pro Nutzer	41,00
Abrechnung Umlageausfallwagnis pro Nutzer	0,25
Einzelabrechnungen zum Ablesen	
der Erfassungsgeräte pro Nutzer	2,10

Weitere Sonderleistungen werden nach Aufwand berechnet. Kann aufgrund fehlender Angaben keine Abrechnung erstellt werden, müssen wir eine Abschlagzahlung auf die Wärmedienst-Kosten erheben.
Alle Preise verstehen sich zuzüglich Mehrwertsteuer.

Anlage zur Heizkostenaufstellung

Liegenschafts-Nr.
195846/1 A

Liegenschafts-Nr.	Heizperiode			PLZ	Straße / Ort
195846/1	1994/94			99999	DORFSTR 12-14 MUSTERDORF
Hausverwaltung: Name				PLZ	Straße / Ort
FRANKE WALTER				99999	MUSTERSTR 1 MUSTERSTADT

1 Nutzer-Nr.	2 Nutzer-Name	3 Anteile Heizung	4 Anteile Warmwasser	5 Vorauszahlung lt. letzter Abrechnung	6 Vorauszahlungen für dieses Abrechnungsjahr	7 Einzugsdatum (Mietbeginn lt. Mietvertrag)	8 Auszugsdatum (Mietende lt. Mietvertrag)	9 Personenzahl
	IN DIESER LIEGENSCHAFT BEDEUTEN	ANTEILE HEIZUNG = QM =						
		ANTEILE WARMWASSER = QM =						
1	KLEINMANN	87,0	87,0	1680,00				XXX
2	BECKER	75,5	75,5	1500,00				XXX
3	WINTER	87,0	87,0	1680,00	*840,00*		*30.06.94*	XXX
3	*SIEBERT*				*840,00*	*1.07.94*		XXX
4	TUMM	75,5	75,5	1500,00				XXX

Formblatt „Anlage zur Heizkostenaufstellung"

13 Laufende Bestandsänderungen

Die Anlage zur Heizkostenaufstellung ist bestimmt für die Meldung der innerhalb des Abrechnungszeitraumes eingetretenen Bestandsänderungen aus Ihrer Wohnungsverwaltung. Wir haben Ihnen die bei uns gespeicherten Daten der Nutzeinheiten aufgeführt. Sie entsprechen im Prinzip dem Stand der letzten Abrechnung, wenn diese bis zum 15.10.94 erstellt wurde. Spätere Meldungen konnten aus technischen Gründen nicht mehr berücksichtigt werden. Unsere Vorgaben in den Spalten 2-5 wollen Sie bitte prüfen und erforderlichenfalls berichtigen. Für die von Ihnen zu meldenden Bestandsänderungen orientieren Sie sich anhand der aufgeführten Beispiele (siehe auch Rückseite des Formblattes).

14 Gesetzlich festgelegte Grundkostenanteile

Die Maßstäbe für die Umlage der Grundkosten (Anteile) wurden vom Gesetzgeber wie folgt festgelegt:

— für Heizung
Entweder: Wohn- oder Nutzfläche (qm) oder der umbaute Raum dieser Räume (cbm)

Oder: Wohn- oder Nutzfläche der beheizten Räume (qm) oder der umbaute Raum dieser Räume (cbm)

— für Warmwasser
Wohn- oder Nutzfläche (qm)

Immer dann, wenn für die Verteilung der Betriebskosten heizungs- oder wasserseits Erfassungsgeräte (Heizkostenverteiler, Warmwasserkostenverteiler, Warmwasserzähler etc.) in den Nutzeinheiten installiert sind, ist nach Verbrauchs- und Grundkosten aufzuschlüsseln. Die Grundkostenanteile dürfen dann nur noch nach vorgenannten Maßstäben gebildet sein.

Bei pauschalen Warmwasser-Abrechnungen, soweit sie erlaubt bleiben, gilt

— für preisgebundene Wohnungen:

Die pauschale Umlage der Warmwasserkosten hat entsprechend § 20 (2) NMV nach dem Verhältnis der Wohnflächen (qm) zu geschehen.

— für frei finanzierte Häuser:

Der Maßstab für die pauschale Umlage der Warmwasserkosten kann wie vereinbart unverändert verwandt werden. Bei reinen Wohngebäuden empfehlen wir allerdings, die pauschale Umlage (wie oben) im Verhältnis der Wohnflächen (qm) vorzunehmen.

Unterschreiben Sie die „Heizkostenaufstellung" und senden Sie bitte die Originale beider Vordrucke, unter Verwendung des beigefügten Rücksendeumschlages, nach Ende des Abrechnungszeitraumes ein. Die Durchschläge sind für Ihre Akten bestimmt. Behalten Sie auch alle Rechnungen — jedem Ihrer Nutzer steht das Recht auf Einsicht in die Originalbelege zu.

Zusätzliche Information: Das Landgericht Köln (1 S 81/88) verlangt für die Anerkennung einer Verbrauchsschätzung, daß der betroffene Nutzer von der geplanten Ablesung der Erfassungsgeräte individuell benachrichtigt wird. Diese Forderung erfüllt BRUNATA schon immer: soweit Mieter den durch Plakataushang angekündigten Termin nicht beachten, benachrichtigt der Ableser jeden einzeln schriftlich und bietet sogar die Vereinbarung eines (dann allerdings kostenpflichtigen) Individualtermins an.

Einzelabrechnung der Heiz- und Warmwasserkosten

BRUNATA METRONA

Herr/ Frau/ Firma

KOENIG HORST
DORFSTR 12

99999   MUSTERDORF

Ihre Kosten betragen		
	DM	1.540,92
Unter Berücksichtigung Ihrer Vorauszahlung ergibt sich ein		
Guthaben von	DM	139,08

Liegenschafts-Nr.:	195846/1 A
Liegenschaft:	DORFSTR 12-14 99999 MUSTERDORF
Nutzer-Nr.:	1
Verwaltungs-Nr.:	12345-78901-340-7890

Abrechnungszeitraum:	01.07.94 - 30.06.95
Abrechnung erstellt am:	14.08.95

Im Auftrag und nach Angaben von:

FRANKE WALTER

MUSTERSTR 1
99999 MUSTERSTADT

● Aufstellung der Gesamtkosten

BRENNSTOFFKOSTEN	LITER OEL	Betrag
ANFANGSBESTAND	2200	1.128,50
04.08.94	7500	3.600,00
16.12.94	6000	2.940,00
18.02.95	4000	1.980,00
ABZÜGLICH RESTBESTAND	2200	1.128,50
SUMME	17500	8.520,00

Weitere Heizungsbetriebskosten	Datum	Betrag
STROM FUER HEIZUNG	30.06.95	160,00
WARTUNG	15.01.95	219,00
IMMISSIONSMESSUNG	12.12.94	58,50
VERBRAUCHSABRECHNUNG	14.08.95	479,88
SUMME		917,38
SUMME BRENNSTOFFKOSTEN		8.520,00
Gesamtkosten		9.437,38

● Verteilung der Gesamtkosten

Kostenart	Betrag	Gesamteinheiten
GESAMTKOSTEN	9.437,38	
HEIZKOSTEN	7.913,10	
DAVON		
50 % GRUNDKOSTEN	3.956,55 :	621,0 QM
50 % VERBRAUCHSKOSTEN	3.956,55 :	659,0 STRICHE
WARMWASSERKOSTEN	1.524,28	
DAVON		
50 % GRUNDKOSTEN	762,14 :	621,0 QM
50 % VERBRAUCHSKOSTEN	762,14 :	230,1 CBM

● Ihre Abrechnung

= Betr. je Einheit x	Ihre Einheiten	= Ihre Kosten
= 6,37125 x	87,0 =	554,30
= 6,00386 x	96,5 =	579,37
HEIZKOSTEN		1.133,67
= 1,22727 x	87,0 =	106,77
= 3,31221 x	32,3 =	106,98
WARMWASSERKOSTEN		213,75
KALTWASSERKOSTEN		193,50

Siehe Erläuterungen auf der Rückseite

IHRE KOSTEN	1.540,92
IHRE VORAUSZAHLUNG	1.680,00
IHR GUTHABEN	139,08

W01440 06.95

Sehr geehrte Damen und Herren,

die Abrechnungsformulare wurden neu gestaltet: Moderne Laserdrucktechnik ermöglicht gesteigerte Lesbarkeit bei flexibler Anpassung an den jeweiligen Umfang der Abrechnung. Bitte beachten Sie nachstehende Hinweise:

Aufstellung der Gesamtkosten

Mit Ausnahme der BRUNATA-Kosten wurden die umgelegten Betriebskosten von Ihrem Vermieter / Verwalter aufgegeben - nur er kann Fragen hierzu beantworten.

Verteilung der Gesamtkosten

Die Heizkosten und Warmwasserkosten werden nach einem festgelegten Prozent-Schlüssel aufgeteilt in:

- Grundkosten zur Abdeckung der vom Einzelverbrauch nicht beeinflußt anfallenden Festkosten. Sie werden bei Heizung nach qm Wohn- oder Nutzfläche oder nach cbm Rauminhalt, bei Warmwasser nach qm Wohn- oder Nutzfläche aufgeteilt.

- Verbrauchskosten als die restlichen, durch die unterschiedliche Wärmeabnahme der Nutzer beeinflußten Kosten. Sie werden entsprechend den abgelesenen Verbrauchswerten der Erfassungsgeräte aufgeteilt.

Ihre Abrechnung

Ihre Einheiten (bei Grundkosten: Wohn- oder Nutzfläche, bei Verbrauchskosten: Verbrauchswerte der Erfassungsgeräte) wurden mit den jeweils errechneten Beträgen multipliziert. Hieraus ergeben sich Ihre Kosten für Heizung und für Warmwasser.

Zusatz G = Ihre Einheiten mußten geschätzt werden. Bitte beachten Sie dann bei Heizkostenverteilern:

- entweder: In diesem Jahr konnten die in Ihren Räumen installierten Geräte nicht (rechtzeitig) abgelesen werden. Wichtig: Sofern nicht bereits geschehen, veranlassen Sie noch vor Heizbeginn das Auswechseln der Ampullen / Kapillaren bzw. bei elektronischen Heizkostenverteilern die Wartung. Die Heizkostenverteiler müssen zur Vermeidung einer weiteren Schätzung für das Folgejahr rechtzeitig wieder betriebsbereit gemacht werden.

- oder: Die Heizkostenverteiler nach dem Verdunstungsprinzip (mit Ampullen oder Kapillaren) wurden in diesem Jahr zwar abgelesen, im Vorjahr jedoch unterblieb das Auswechseln der Ampullen / Kapillaren: die Ablesung erfolgte also auf alten Ampullen / Kapillaren und ist deshalb (siehe oben) nicht zu verwenden.

Die Schätzung richtet sich entsprechend § 9 a (1) Heizkostenverordnung entweder nach der letzten Ablesung unter Berücksichtigung der Verbrauchstendenz der übrigen Nutzeinheiten oder nach einer Durchschnittsberechnung, z.B. entsprechend der Größe Ihrer Räume.

Sind uns Ihre Vorauszahlungen aufgegeben worden, weist die Abrechnung Ihr Guthaben bzw. Ihre Nachzahlung aus. Die Verrechnung dieser Beträge ist nicht mit BRUNATA, sondern immer mit Ihrem Vermieter / Verwalter vorzunehmen. Auch evtl. Rückfragen richten Sie bitte dorthin.

Nutzerwechsel

Bei einem Wechsel während des Abrechnungszeitraumes errechnen wir die auf den verzogenen und den neuen Nutzer entfallenden Betriebskosten. Die Abrechnung für den ausscheidenden Nutzer kann erst nach Ablauf der Heizperiode mit der Gesamtabrechnung erfolgen. Dieser trägt i.d.R. die Kosten einer Zwischenablesung, wogegen Kosten der Aufteilung in der Abrechnung bei allen beteiligten Nutzern anfallen.

Die Grundkosten Heizung werden unter Berücksichtigung der untenstehenden Tabelle, die Grundkosten Warmwasser zeitanteilig nach Tagen aufgeteilt. Liegt uns zur Abrechnung eine Zwischenablesung vor, werden die Verbrauchskosten hiernach ermittelt. Liegt keine Zwischenablesung vor, erfolgt auch die Aufteilung der Verbrauchskosten nach vorstehender Grundkostenregelung.

Tabelle zur Aufteilung der Heizkosten bei Nutzerwechsel (veröffentlicht zu DIN 4713).

Monat	Promille-Anteile je	
	Monat	Tag
September	30	30/30 = 1,0
Oktober	80	80/31 = 2,58...
November	120	120/30 = 4,0
Dezember	160	160/31 = 5,16...
Januar	170	170/31 = 5,48...
Februar	150	150/28 = 5,35...
März	130	130/31 = 4,19...
April	80	80/30 = 2,66...
Mai	40	40/31 = 1,29...
Juni }		
Juli }	40	40/92 = 0,43...
August }		

```
DIE ABTRENNUNG DER WARMWASSERKOSTEN ERFOLGTE NACH DER FORMEL DER HEIZKOSTENVERORDNUNG:
2,5 x    230,1 x (60-10)
----------------------- =    2876 L OEL    x    0,53 = DM    1524,28
      10,00
    DIE ERMITTLUNG DER GESAMTEN KALTWASSERKOSTEN
    ERFOLGT DURCH WASSERZAEHLER JE NUTZER
    KALTWASSERVERBRAUCH INSGESAMT                = CBM        441,70
    KALTWASSERKOSTEN LT. ANGABE DER VERWALTUNG   = DM       1.325,10
    DEMNACH BETRAEGT DER PREIS JE CBM KALTWASSER = DM         3,00000
    IHR VERBRAUCH LT. WASSERZAEHLER             = CBM         64,50
    DEMNACH BETRAGEN IHRE KALTWASSERKOSTEN       = DM         193,50
```

Gesamtabrechnung der Heiz- und Warmwasserkosten für die Hausverwaltung

BRUNATA Wärmemesser-Gesellschaft Schultheiss GmbH + Co. · 50351 Hürth

Herr/ Frau/ Firma

FRANKE WALTER

MUSTERSTR 1
99999 MUSTERSTADT

Liegenschafts-Nr.: 195846/1 A	Abrechnungszeitraum:	01.07.93 - 30.06.94
Liegenschaft: DORFSTR 12-14 99999 MUSTERDORF	Abrechnung erstellt am:	07.09.94

Objektbezeichnung:

● Aufstellung der Gesamtkosten

BRENNSTOFFKOSTEN	LITER OEL	Betrag	Weitere Heizungsbetriebskosten	Datum	Betrag
ANFANGSBESTAND	1500	742,50	STROM FUER HEIZUNG	30.06.94	160,00
04.08.93	7500	3.600,00	WARTUNG	15.01.94	219,00
16.12.93	6000	2.940,00	IMMISSIONSMESSUNG	12.12.93	58,50
18.02.94	4000	1.980,00	VERBRAUCHSABRECHNUNG	07.09.94	467,65
			SUMME		905,15
ABZÜGLICH RESTBESTAND	2500	1.237,50	SUMME BRENNSTOFFKOSTEN		8.025,00
SUMME	16500	8.025,00	Gesamtkosten		8.930,15

● Ermittlung der Warmwasserkosten

DIE ABTRENNUNG DER WARMWASSERKOSTEN ERFOLGTE NACH DER FORMEL DER HEIZKOSTENVERORDNUNG:

$$\frac{2,5 \times 230,0 \times (60-10)}{10,00} = 2875 \text{ L OEL} \times 0,54 = DM \ 1552,50$$

● Verteilung der Gesamtkosten

Kostenart	Betrag	:	Gesamteinheiten	=	Betrag je Einheit
GESAMTKOSTEN	8.930,15				
HEIZKOSTEN	7.377,65				
DAVON					
50 % GRUNDKOSTEN	3.688,83	:	621,0 QM	=	5,94014
50 % VERBRAUCHSKOSTEN	3.688,82	:	659,0 STRICHE	=	5,59760
WARMWASSERKOSTEN	1.552,50				
DAVON					
50 % GRUNDKOSTEN	776,25	:	621,0 QM	=	1,25000
50 % VERBRAUCHSKOSTEN	776,25	:	230,0 CBM	=	3,37500

W-01980 07.94

BRUNATA Wärmemesser-Gesellschaft Schultheiss GmbH + Co

Briefanschrift: 50351 Hürth

Hausanschrift: Max-Planck-Straße 2 - 50354 Hürth

Telefon: (0 22 33) 5 00
Telefax: (0 22 33) 5 01 69
Telex: 8 881 171 bwgk

Banken: Postbank Köln (BLZ 370 100 50) Konto 58 73-503
Dresdner Bank Köln (BLZ 370 800 40) Konto 950 488 800
Stadtsparkasse Köln (BLZ 370 501 98) Konto 9 702 465

Hürth Registergericht Brühl HRA 509-Persönlich haftende Gesellschafterin:Verwaltungsgesellschaft Schultheiss mbH,Sitz Hürth,Registergericht Brühl,HRB 53
Michael Burghmann

Gesamtabrechnung der Heiz- und Warmwasserkosten für die Hausverwaltung

● **Aufstellung der Nutzer**

Nutzer Nr.	Nutzer Name	Einheiten Nutzer	Kosten Nutzer	Voraus- zahlung	Guthaben / Nachzahlung
1	KOENIG HORST				
	12345-78901-340-7890				
	GRUNDKOSTEN HEIZUNG	87,0	516,79		
	VERBRAUCHSKOSTEN HEIZUNG	96,5	540,17		
	GRUNDKOSTEN WARMWASSER	87,0	108,75		
	VERBRAUCHSKOSTEN WARMWASSER	32,3	109,01		
	SUMME		1.274,72	1.680,00	405,28 G
2	SCHNEIDER MICHAEL				
	12345-78901-341-7891				
	GRUNDKOSTEN HEIZUNG	85,5	507,88		
	VERBRAUCHSKOSTEN HEIZUNG	86,0	481,39		
	GRUNDKOSTEN WARMWASSER	85,5	106,88		
	VERBRAUCHSKOSTEN WARMWASSER	28,7	96,87		
	SUMME		1.193,02	1.500,00	306,98 G
3/1	KOHNEN KLAUS				
	12345-78901-342-7892				
	01.07.93 - 31.01.94				
	GRUNDKOSTEN HEIZUNG	51,1	303,55		
	VERBRAUCHSKOSTEN HEIZUNG	49,8	278,76		
	GRUNDKOSTEN WARMWASSER	51,2	64,00		
	VERBRAUCHSKOSTEN WARMWASSER	16,2	54,67		
	SONDERKOSTEN NUTZERWECHSEL		25,30		
	SUMME		726,28	980,00	253,72 G
3/2	KRUEGER				
	12345-78901-342-7892				
	01.02.94 - 30.06.94				
	GRUNDKOSTEN HEIZUNG	35,9	213,25		
	VERBRAUCHSKOSTEN HEIZUNG	40,7	227,82		
	GRUNDKOSTEN WARMWASSER	35,8	44,75		
	VERBRAUCHSKOSTEN WARMWASSER	14,7	49,61		
	SONDERKOSTEN NUTZERWECHSEL		25,30		
	SUMME		560,73	700,00	139,27 G

Wärmedienst-Rechnung

BRUNATA Wärmemesser-Gesellschaft Schultheiss GmbH + Co. ·50351 Hürth

Herrn/ Frau/ Firma

FRANKE WALTER

MUSTERSTR 1

99999 MUSTERSTADT

Liegenschafts-Nr.:	195846/1 A	
Liegenschaft:	DORFSTR 12-14 99999 MUSTERDORF	
Objekt:		

Rechnungsdatum:	07.09.1994
Rechnungs-Nr.:	944752
Abrechnungszeitraum:	01.07.93 - 30.06.94

Bezeichnung	Stück	Einzelpreis	Gesamtpreis	Summe
WÄRMEDIENST HEIZKOSTENVERTEILER	48	4,60	220,80	
WÄRMEDIENST WASSERZÄHLER	8	7,35	58,80	
GRUNDPREIS PRO NUTZER	9	3,70	33,30	
AUFLISTEN DER RECHNUNGSDATEN FÜR NUTZER			24,50	
GRUNDPREIS PRO LIEGENSCHAFT			34,20	
KOSTENTRENNUNG HEIZUNG / WARMWASSER			7,35	
ANTEILIGE FAHRTKOSTEN			16,50	
ANTEILIGE PORTO- UND VERSANDKOSTEN			11,20	
VERBRAUCHSABRECHNUNG				406,65
SONDERLEISTUNGEN FÜR EINZELNE NUTZER				44,00

Zwischensumme	450,65
15 % Mehrwertsteuer	67,60

Bei Zahlung bitte unbedingt Rechnungsnummer angeben

Rechnungs-Nr.	Rechnungsbetrag
944752	DM 518,25

BRUNATA Wärmemesser-Gesellschaft Schultheiss GmbH + Co

Briefanschrift: 50351 Hürth
Hausanschrift: Max-Planck-Straße 2 - 50354 Hürth

Telefon: (0 22 33) 5 00
Telefax: (0 22 33) 5 01 69
Telex: 8 881 171 bwgk

Banken: Postbank Köln (BLZ 370 100 50) Konto 58 73-503
Dresdner Bank Köln (BLZ 370 800 40) Konto 950 488 600
Stadtsparkasse Köln (BLZ 370 501 98) Konto 9 702 465

Kommanditgesellschaft: Sitz Hürth,Registergericht Brühl,HRA 509-Persönlich haftende Gesellschafterin:Verwaltungsgesellschaft Schultheiss mbH,Sitz Hürth,Registergericht Brühl,HRB 539
Geschäftsführer: Peter Schultheiss, Claus von Berlin und Michael Buschmann

W01320 07.94

Allgemeine Geschäftsbedingungen für den BRUNATA-Wärmedienst

Verträge, welche aufgrund nachstehender Allgemeiner Geschäftsbedingungen (AGB) abgeschlossen werden, werden erst dann wirksam, wenn der Kunde den ihm zugesandten Fragebogen "Grunddatenermittlung" (vgl. § 2 Abs. 1) ausgefüllt und unterschrieben an uns zurückgesandt hat.

§ 1
Allgemeines

1. Unsere AGB gelten ausschließlich; entgegenstehende Bedingungen des Kunden erkennen wir nur dann an, wenn wir dies ausdrücklich schriftlich bestätigt haben.
2. Alle mündlichen Nebenabreden, Erklärungen und Zusicherungen unserer Vertreter, unseres Verkaufspersonals sowie unserer Mitarbeiter sind nur dann verbindlich, wenn wir diese ausdrücklich schriftlich bestätigt haben. Dies gilt gleichermaßen für eine Abänderung dieser Klausel.

§ 2
Heizkostenabrechnung

1. Der Kunde ist dafür verantwortlich, die jeweilige Liegenschaft entsprechend den gesetzlichen Bestimmungen (Heizkostenverordnung, Neubaumietenverordnung, AVB-Fernwärmeverordnung) auszrüsten zu lassen. Der Kunde ist deshalb verpflichtet, uns alle Angaben über das Heizsystem der Liegenschaft rechtzeitig mitzuteilen, damit eine den technischen und gesetzlichen Voraussetzungen entsprechende Heizkostenabrechnung erstellt werden kann. Dazu zählt insbesondere, daß der Kunde uns die Größe der beheizbaren Nutzeinheiten mitteilt. Hierfür übersenden wir dem Kunden vor Aufnahme des BRUNATA-Wärmedienstes den Fragebogen "Grunddatenermittlung". Vorgesehene Änderungen der Heizanlage oder der Warmwasserversorgungsanlage sind uns rechtzeitig bekanntzugeben. Jeweils vor Beginn des turnusmäßigen Wärmedienstes übersenden wir dem Kunden die Heizkostenzusammenstellung. Die unverzügliche Rückgabe dieses Formulars mit verbindlichen Angaben über die abzurechnenden Kosten und die eingetretenen Änderungen in den Abnehmerverhältnissen ist notwendige Voraussetzung für die ordnungsgemäße und rechtzeitige Erstellung der vereinbarten Abrechnung.
2. Geht die jährliche Heizkostenzusammenstellung nicht innerhalb eines Zeitraumes von 3 Monaten, gerechnet ab Ende des jeweils uns zuletzt bekanntgegebenen Abrechnungszeitraumes, bei uns ein, so sind wir berechtigt - nach Setzen einer Nachfrist von einem weiteren Monat -, die bis zu diesem Zeitpunkt vorliegenden Daten, insbesondere der Ablesungen und etwa uns vorliegender Zwischenablesungen, zu sichern und unsere bis dahin erbrachten Leistungen dem Kunden in Rechnung zu stellen (Datensicherungsrechnung).
3. Geht uns die Heizkostenzusammenstellung erst zu, nachdem wir eine Datensicherungsrechnung erstellt haben, so sind wir berechtigt, vom Kunden neben den noch nicht abgerechneten Leistungen einen angemessenen Verspätungszuschlag zu verlangen.
4. Bleiben zwei angemeldete Ablesversuche ohne Erfolg, so sind wir berechtigt, eine Schätzung unter Berücksichtigung der DIN 4713 in ihrer jeweils gültigen Fassung durchzuführen. Wir sind berechtigt, aber nicht verpflichtet, die Heizkostenabrechnung in diesem Fall zurückzustellen, um zuvor dem Kunden Gelegenheit zu geben, seinerseits für eine Nachablesung zu sorgen.
5. Wir sind auch dann zu einer verbrauchsnahen Schätzung entsprechend DIN 4713 in ihrer jeweils gültigen Fassung berechtigt, wenn Erfassungsgeräte fehlen, defekt oder infolge unterbliebenen Ampullen- bzw. Batteriewechsels außer Betrieb sind.
6. Soweit wir die Durchführung einer verbrauchsnahen Schätzung und einer Nachablesung nicht zu vertreten haben, werden wir die entsprechenden Kosten dem Kunden auferlegen.
7. Der Kunde ist gehalten, unsere Abrechnung vor Weiterleitung an die Mieter zu prüfen, ob die von ihm gemeldeten Angaben mit unserer Abrechnung zugrundegelegten Daten übereinstimmen. Soweit der Kunde schuldhaft diese Verpflichtung nicht erfüllt, haftet er für den daraus entstehenden Schaden.

§ 3
Ausnahme für eichpflichtige Geräte

Werden Wärmezähler oder Wasserzähler zur Kostenverteilung und damit für den geschäftlichen Verkehr verwandt, so unterliegen diese Geräte der Eichpflicht. Die Einhaltung der Vorschriften des Eichgesetzes ist nicht Gegenstand dieses Vertrages.

§ 4
Preise - Zahlungsbedingungen

1. Für unsere Leistungen gelten die zum Zeitpunkt der Meldung der Heizungsbetriebskosten gültigen Listenpreise. Diese geben wir jeweils mit der Heizkostenzusammenstellung dem Kunden bekannt. Sie sind dann für die noch nicht abgerechneten Wärmedienstleistungen maßgeblich.
2. Erhöhen sich unsere Listenpreise, bezogen auf die vorherige Preisliste, um mehr als 10 %, dann steht dem Kunden ein Vertragslösungsrecht mit einer Frist von 3 Monaten zum Ende eines Kalendermonates zu. Die Kündigung ist an unsere Zentrale in Hürth zu richten und bedarf der Schriftform.
3. Unsere Rechnungen einschließlich etwaiger Abschlagszahlungen sind innerhalb von 10 Tagen, gerechnet ab Rechnungsdatum, zur Zahlung fällig. Zahlungen an Vertreter gelten nur insoweit als Erfüllung, als diese Inkasso-Vollmacht besitzen.
4. Kommt der Kunde in Zahlungsverzug, so sind wir berechtigt, als Verzugsschaden 4 % Zinsen p.a. über dem jeweiligen Diskontsatz der Deutschen Bundesbank geltend zu machen; der Nachweis eines höheren Schadens bleibt ausdrücklich vorbehalten.
5. Aufrechnungsrechte stehen dem Kunden nur zu, wenn seine Gegenforderung rechtskräftig festgestellt, unbestritten oder von uns anerkannt ist. Zurückbehaltungsrechte des Kunden sind insoweit ausgeschlossen, als sie nicht auf demselben Vertragsverhältnis beruhen.
6. Werden uns nach Abschluß des Vertrages Umstände bekannt, die

geeignet sind, unseren Anspruch auf die Gegenleistung zu gefährden, insbesondere in der Kunde mit der Erfüllung der Verpflichtungen aus anderen Verträgen uns gegenüber mehr als vier Wochen in Verzug, so sind wir berechtigt, die Durchführung der vertraglich geschuldeten Leistungen solange zu verweigern, bis der Kunde ausreichende Sicherheiten geleistet hat oder der Zahlungsverzug geheilt ist.

§ 5
Gewährleistung

1. Erkennt der Kunde die von uns erstellte Heizkostenabrechnung nicht an, so ist er verpflichtet, uns unverzüglich hiervon in Kenntnis zu setzen, damit wir Gelegenheit haben, der Beanstandung nachzugehen. Gleiches gilt dann, wenn der Kunde Kenntnis davon erhält, daß ein von der Heizkostenabrechnung betroffener Dritter diese nicht anerkennt. Ist zwischen dem Kunden und einem Dritten wegen der von uns erstellten Heizkostenabrechnung ein Rechtsstreit anhängig, und beruft sich der Dritte darauf, daß die von uns erstellte Heizkostenabrechnung fehlerhaft ist, so ist der Kunde verpflichtet, uns Gelegenheit zu geben, dem gerichtlichen Verfahren beizutreten.
2. Im Falle eines von uns zu vertretenden Mangels der Durchführung der von uns zu erbringenden Leistungen ist der Kunde berechtigt, von uns unentgeltlich für ihn zu verlangen, daß wir die Ablesung wiederholen oder die Heizkostenabrechnung korrigieren.
3. Sind wir hierzu nicht bereit oder nicht in der Lage, insbesondere verzögert sich die Durchführung der Mangelbeseitigung über uns gesetzten angemessene Fristen hinaus, ist der Kunde nach seiner Wahl berechtigt, vom Vertrag zurückzutreten (Wandlung) oder entsprechende Herabsetzung der Vergütung (Minderung) zu verlangen. Ist eine wiederholte Ablesung gemäß Abs. 2 technisch nicht durchführbar, so kann der Kunde - anstelle der vorerwähnten Rechte - verlangen, daß wir unter Berücksichtigung der DIN 4713 in ihrer jeweils gültigen Fassung eine verbrauchsnahe Schätzung auf eigene Kosten durchführen.
4. Schadensersatzansprüche stehen dem Kunden nur zu, wenn die Schadensursache von uns, unseren Vertretern oder Erfüllungsgehilfen vorsätzlich oder grob fahrlässig gesetzt worden war. Das gleiche gilt dann, wenn der zu erbringenden Leistung eine zugesicherte Eigenschaft im Sinne des § 635 BGB fehlt. Bezieht sich jedoch die Eigenschaftszusicherung nicht auf das Risiko etwaiger Mangelfolgeschäden, so gilt im Hinblick auf etwaige Mangelfolgeschäden die Haftungsbegrenzung gemäß Satz 1.

§ 6
Laufzeit - Kündigung

1. Die Laufzeit dieses Vertrages beträgt 2 Jahre.
2. Sie verlängert sich stillschweigend um jeweils ein weiteres Jahr, sofern der Vertrag nicht mit einer Frist von 3 Monaten vor Ablauf schriftlich gekündigt worden ist.
3. Hat sich der Vertrag gemäß Abs. 2 stillschweigend verlängert, so steht dem Kunden ein ordentliches Kündigungsrecht jeweils mit einer Frist von 3 Monaten auf das Ende eines Kalendermonates zu.
4. Die Kündigung ist an unsere Zentrale in Hürth zu richten und bedarf der Schriftform.
5. Mit Beendigung des Vertrages sind wir von der Verpflichtung frei, künftig weitere Lieferungen oder Leistungen gegenüber dem Kunden zu erbringen.

§ 7
Kündigung - Schlußrechnung

1. Kündigt der Kunde den Vertrag und geht uns die Kündigungserklärung spätestens sechs Monate vor Ende des uns zuletzt bekanntgegebenen Abrechnungszeitraumes zu, so berechnen wir insoweit keine besondere Vergütung.
2. In allen übrigen Fällen sind wir berechtigt, dem Kunden den bis zum Zeitpunkt des Wirksamwerdens der Kündigung entstandenen Aufwand entsprechend den Gebühren unserer jeweils gültigen Preisliste, bezogen auf Wärmedienst und Sonderleistungen, in Rechnung zu stellen (Schlußrechnung).

§ 8
Bundesdatenschutz - Datenaufbewahrung

1. Wir sind berechtigt, die im Zusammenhang mit der Geschäftsbeziehung erhaltenen Daten unserer Kunden im Sinn des Bundesdatenschutzgesetzes zu speichern; der Kunde erteilt hierzu ausdrücklich sein Einverständnis.
2. Wir sind berechtigt, die durch die Geschäftsbeziehung mit unseren Kunden erhaltenen Daten nach einer Aufbewahrungsfrist von 4 Jahren zu vernichten.

§ 9
Erfüllungsort - Gerichtsstand

1. Erfüllungsort für alle sich aus oder im Zusammenhang mit diesem Vertrag ergebenden Verbindlichkeiten ist, soweit sich nicht aus dem Vertrag etwas anderes ergibt, Hürth.
2. Gerichtsstand für alle Streitigkeiten zwischen uns und unseren Kunden ist Brühl, soweit der Kunde Vollkaufmann ist oder der Vertrag zum Betrieb seines gewerblichen Handelsgewerbes im Sinn des § 343 HGB zu rechnen ist.

§ 10
Geltung

Diese Allgemeinen Geschäftsbedingungen treten mit Wirkung vom 15.2.1983 in Kraft. Sie gelten vom Zeitpunkt des Einverständnisses des Kunden an für alle in der Vergangenheit abgeschlossenen, aber noch nicht abgewickelten Verträge, soweit es sich um beiderseits künftig zu erbringende Leistungen handelt.

BRUNATA Wärmemesser-Gesellschaft Schultheiss GmbH + Co. · Max-Planck-Straße 2 · 50354 Hürth

LITERATURVERZEICHNIS

1. **Bundesministerium für Wirtschaft (BMWI)**, Verbrauchsabhängige Abrechnung, Bonn, 1990

2. **Christann H.-J.**, Die Evolution von EDI zu EDIFACT, in: EDI 90 Report, Hrsg. EWI Ges. f. Europäische Wirtschaftsinformation mbH, Starnberg, 1990, S. 7-19

3. **Deutsch, Markus**, Electronic Data Interchanche setzt sich durch, in: x-change, 10/1993, S. 116-122

4. **Deutsch, Markus**, Unternehmenserfolg mit EDI - Strategie und Realisierung des elektronischen Datentausches, Vieweg, Braunschweig, Wiesbaden, 1994

5. **Ewe, Bernhard**, Zentrales Dispositions- und Kommunikationssystem für mehrere Speditionen zur Warenverteilung und Laufzeitkontrolle mit EDI-Verfahren, in: EDI 89 Report, Hrsg. dc: deutsche congressgesellschaft starnberg mbH, Starnberg, 1989, S. 201-209

6. **Gebker, Jürgen**, Stufenweise Einführung des elektronischen Datenaustausches: Phasen der Integration, in: EDI 89 Report, Hrsg. dc: deutsche congressgesellschaft starnberg mbH, Starnberg, 1989, S. 279-293

7. **Groß, Claus**, EDI-Einführung im Unternehmen, Make or Buy? - Standardlösungen ohne individuelle Anpassung gibt es nicht, in: EDI 90 Report, Hrsg. EWI Ges. f. Europäische Wirtschaftsinformation mbH, Starnberg, 1990, S. 75-82

8. **Hörig E.-A.**, Internationale Entwicklung des Elektronischen Datentausches (EDI), in: EDI 89 Report, Hrsg. dc: deutsche congressgesellschaft starnberg mbH, Starnberg, 1989, S. 9-23

9. **Hüner, Jörg**, Kaltwasserabrechnung per Datenaustausch verabschiedet, in: Die Heizkostenabrechnung, Jg. 9, Nr. 9 September 1994, Hrsg. ARGE Heizkosten e.V., Bonn, S. 30-31

10. **Jonas, Christoph**, Datenfernübertragung mit Personal-Computern,1. Aufl., Würzburg, 1992

11. **Keys, John**, Implementierung von EDI Anwendungen, in: EDI Einsteigerwissen für Techniker, Hrsg. EWI Ges. f. Europäische Wirtschaftsinformation mbH, Starnberg, o. J, S. 53-82

12. **Krembsler, Robert**, Kriterien für die Auswahl von Netzen und Diensten, in: EDI 90 Report, Hrsg. EWI Ges. f. Europäische Wirtschaftsinformation mbH, Starnberg, 1990, S. 89-103

13. **Mehnen, Heiko**, EDIFACT - Syntax, Messages, Design, in: EDI 89 Report, Hrsg. dc: deutsche congressgesellschaft starnberg mbH, Starnberg, 1989, S. 245-265

14. **Meyer, Josef**, Branchenspezifische EDI-Einführungsbereitschaft, für die Chemische Industrie:, in: EDI 89 Report, Hrsg. dc: deutsche congressgesellschaft starnberg mbH, Starnberg, 1989, S. 69-93

15. **Normenausschuß Bürowesen (NBÜ) im DIN** , EDIFACT Entwicklung, Grundlagen und Einsatz, o. O., o. J.

16. **Oswald, Gerd**, Rationalisierungspotentiale und Wettbewerbsvorteile, in: EDI 90 Report, Hrsg. EWI Ges. f. Europäische Wirtschaftsinformation mbH, Starnberg, 1990, S. 135-160

17. **Picot A., Neuburger R., Niggl J.,** Ökonomische Perspektiven eines „Electronic Data Interchange", in: Information Management, 2/1991, S. 22-29

18. **Picot A., Neuburger R., Niggl J.,** Tendenzen für Entwicklungen von EDI, in: Management & Computer, Heft 3, 1. Jg 1993, S. 183-190

19. **Riharczek, K.,** Sicherheitsfragen bei der EDI-Kommunikation mit Geschäftspartnern, in: EDI 89 Report, Hrsg. dc: deutsche congressgesellschaft starnberg mbH, Starnberg, 1989, S. 145-155

20. **Roden, H.,** EDI-Aktivitäten der EG, in: EDI 89 Report, Hrsg. dc: deutsche congressgesellschaft starnberg mbH, Starnberg, 1989, S. 109-131

21. **Schulte, Karl,** Branchenspezifische EDI-Einführungsbereitschaft, für die Konsumgüterwirtschaft, in: EDI 89 Report, Hrsg. dc: deutsche congressgesellschaft starnberg mbH, Starnberg, 1989, S. 95-107

22. **Schweichler, Norbert,** Schnittstelle und Kommunikation - ist das schon alles ?, in EDI 90 Report, Hrsg. EWI Ges. f. Europäische Wirtschaftsinformation mbH, Starnberg, 1990, S. 321-357

23. **Sedran, Thomas,** Wettbewerbsvorteile durch EDI, in: Information Management, 2/1991, S. 16-21

24. **Thomas, H.-E.,** Strategische und organisatorische Aspekte von EDI, in: EDI 89 Report, Hrsg. dc: deutsche congressgesellschaft starnberg mbH, Starnberg, 1989, S. 25-59

25. **Thomas, H -E.,** Elektronischer Geschäftsverkehr in einem Europa ohne Handelsschranken, in: EDI 90 Report, a.a.o., S. 161-171

26. **o.V.,** Electronic Data Interchange, in: DATACOM Mehrwertdienste, o.J., S. 102-113

27. **o.V.,** Mit EDI gehen keine Daten baden, in: IBM Nachrichten 44, Heft 316, 1994, S.49-50

VERSICHERUNG

Hiermit versichere ich, daß die vorliegende Arbeit von mir selbständig und ohne unerlaubte Hilfe angefertigt worden ist; insbesondere, daß ich alle Stellen, die wörtlich oder annähernd wörtlich aus Veröffentlichungen entnommen sind, durch Zitate als solche kenntlich gemacht habe.

Jülich, 29.11.1995

Diplom.de

Wissensquellen gewinnbringend nutzen

Qualität, Praxisrelevanz und Aktualität zeichnen unsere Studien aus. Wir bieten Ihnen im Auftrag unserer Autorinnen und Autoren Wirtschaftsstudien und wissenschaftliche Abschlussarbeiten – Dissertationen, Diplomarbeiten, Magisterarbeiten, Staatsexamensarbeiten und Studienarbeiten zum Kauf. Sie wurden an deutschen Universitäten, Fachhochschulen, Akademien oder vergleichbaren Institutionen der Europäischen Union geschrieben. Der Notendurchschnitt liegt bei 1,5.

Wettbewerbsvorteile verschaffen – Vergleichen Sie den Preis unserer Studien mit den Honoraren externer Berater. Um dieses Wissen selbst zusammenzutragen, müssten Sie viel Zeit und Geld aufbringen.

http://www.diplom.de bietet Ihnen unser vollständiges Lieferprogramm mit mehreren tausend Studien im Internet. Neben dem Online-Katalog und der Online-Suchmaschine für Ihre Recherche steht Ihnen auch eine Online-Bestellfunktion zur Verfügung. Inhaltliche Zusammenfassungen und Inhaltsverzeichnisse zu jeder Studie sind im Internet einsehbar.

Individueller Service – Gerne senden wir Ihnen auch unseren Papierkatalog zu. Bitte fordern Sie Ihr individuelles Exemplar bei uns an. Für Fragen, Anregungen und individuelle Anfragen stehen wir Ihnen gerne zur Verfügung. Wir freuen uns auf eine gute Zusammenarbeit.

Ihr Team der Diplomarbeiten Agentur

Diplomica GmbH ─────
Hermannstal 119k ─────
22119 Hamburg ─────

Fon: 040 / 655 99 20 ─────
Fax: 040 / 655 99 222 ─────

agentur@diplom.de ─────
www.diplom.de ─────